AF367045

Ultimátum

Traducción de los poemas
de un manuscrito griego
del s. XVIII
de Meris Yanópulos (?)

© Alejandro G. Aragón (el traductor)

www.bubok.es

© Bubok Publishing S.L., 2010
1ª Edición
ISBN: 978-84-9916-934-7
DL: M-35704-2010
Impreso en España / *Printed in Spain*
Impreso por Bubok

Índice

Ultimátum
**Traducción de los poemas
de un manuscrito griego**
del s. XVIII de Meris Yanópulos (?)

PREÁMBULO Y RECORDATORIO

0. Introducción

La gente nombra, las personas definen. Conforme crece, el ser humano aprende a dar el valor conveniente y en su justa medida, en el momento adecuado, a cada cosa en su entorno y que merezca detenimiento, encomio o reprobación. En breve: que merezca su atención y reacción más inmediatas. Pero no voy a valorar a mi lector sin tener medios de conocerlo. Además, ¿qué importa un hojaldre más entre tantos? De seguro habrá millones que no conozca nadie o tan sólo haya sido por casualidad que sus ojos hayan topado con su título buscando leer otro de más renombre, de más valor aparente o diferente disposición a la hora de la temática bibliográfica... Pero me voy por las ramas.

Todo esto empezó como empieza todo: con un *¿por qué no?* y, hará unos años, me pregunté: *¿por qué no poner mi granito de arena en las dunas de bibliotecas del mundo* –si bien como primera aspiración tendré la mía personal y transferible- *aunque*

*conlleve un esfuerzo considerable para el que, quizás, aún no
esté preparado?* Siempre me he dispuesto a sortear el obstáculo
del miedo al *quedirán*. Esta vez no será menos.

1. El autor: ¿Meris Yanópulos? (Μέρης Γιαννόπουλος)

Con toda probabilidad el autor se trata de Meris Yanópulos -también citado por los historiadores como Meris Giannopoulos o Yannopoulos-, quien pasó la primera parte de su carrera literaria (*c.* 1690-1720) en su lugar de nacimiento, Tesalónica, donde trabajó principalmente como copista y alfarero en una familia judía de clase media. A pesar de que gran parte de la vida del autor de *Τελεσίγραφο* (*Telesígrafo*, comúnmente traducido por *Ultimátum*) se desconoce, se tienen datos de su casamiento con Eloísa de Caldas, nieta de Don Diego de Siloé y prima de Don Álvaro de Mendoza, según los registros de la catedral de Burgos perteneciente a dicha familia abulense.

De ciertas citas de la época de otros escritores y poetas griegos venidos a España durante la época, como Marinos Keleris y Demetrios Bufas (*cf. Δίκης Κρίνον*, II cap. 2: 245; *cf. Puer pudenda* I, cap. ref. A: 345, respectivamente) sabemos que contrajo segundas nupcias con Doña María de Paria, sobrina de la poetisa ascética Sor Ágata Cifuentes, en la comarca del Padul, Aragón. Mantuvo estrecha amistad con dicha poetisa y con Don Álvaro de Mendoza, primo de su anterior mujer y escritor de vocación y acérrimo enemigo en el declive de su prolijidad literaria.

En 1741, Meris Yanópulos, junto a su familia y amigos castellanos, a raíz de una visita de sus primos cretenses, y estando en pleno auge de su economía, intentaron influir al prelado y el clero español para convencerlos de una "cruzada" para la recuperación de Tesalónica en posesión del turco otomano. La noticia de esto y su principal argumento está registrado en una comunicación de diferentes cabildos, entre ellos el de Padul, Carrión, Zamora, Burgos y Salamanca). Por aquella época se había covertido en uno de los poetas neogriegos exiliados más influyentes en su propia ciudad de origen, ya que la correspondencia de . Influyó mucho en varios escritores tesalonicenses, como los célebres Ciriaco Embedós (1799-1864) y Emmanuel Lambiris (1789-1832).

La muerte de Meris Yanópulos se produjo a causa de la malaria en 1807, y su lugar de enterramiento se desconoce. Algunas hipótesis apuntan al Cementerio de los Judíos de Milán; otras, al barrio de Perea en Tesalónica, ya que la familia mantuvo años de litigios con el cardenalato de Milán y encomendaciones de la familia para repatriar el cuerpo de un autor cuya fama local había sido inusitada en el llamado Resurgimiento Griego. Pocas referencias se encuentran a su religión judía, ni en textos del autor ni en Se encuentran, sin embargo, influencias de *El Cantar de los Cantares*, San Juan de la Cruz y José Abén Yehuda:

Lilith:
¿Por qué somos
hombres y mujeres?
Me lo explicarás
de mil maneras
y, para mí,
no valdrá ninguna.
¿Acaso eres o conoces
a quien lo ideó así?
Es como interpretar
la intención del autor

de una obra de arte, un libro, un poema...
pero con soberbia.
¿Cómo te atreves a responder
si no hablas en nombre
de El que hace,
si la obra no es tuya?
La opinión del crítico:
pompa, burbujas. (p. VI)

Hace una noche de esas de brisa fresca a jazmín y mar, jardín y farolillos ocultos de bancos de amantes y peces de colores. Es noche de fiesta y, no sé, ¡te amo! (p. VII)

Tu voz es el suave e íntimo quejido de una flauta de caña triste y sensual; tus palabras, filosofía hedonista e infinita de amor destilado; tu dolor, el mío... ¡que siento el doble! Tu voz es la de mi alma que me habla. La he oído tantas veces al leer en silencio, en sueños, durante toda mi existencia. Si así es tu voz, ¿cómo serán tus ojos? ¿Cómo tu alma? (p. XX)

Duerme tranquila, mi amor, todo está en calma... todos duermen y descansan y yo te amo sin tregua. Lo conseguiremos, espera. (p. XIX)

Y dime tú, ¿quién eres que eres mi apetito y mi sazón, mi angustia, mi contento, mi miedo... mi razón? ¿Eres el embrujo que he estado esperando? (p. XVIII)

2. La obra: *Τελεσίγραφο* (*Ultimátum*)

El manuscrito fue comprado incidentalmente entre las páginas de uno de los volúmenes de *Historia de Roma* de Tito Livio, en 1999, en una librería de Praga («Lilie pomsty»). No se halló el manuscrito hasta una vez abierto en Toledo, en el año 2003, en que un segundo comprador reparó en él y lo dio a conocer a la comunidad científica. Hoy día el manuscrito pertenece a la colección privada de la familia Cuzco, quien muy amablemente me ha concedido acceso a la obra para su estudio, traducción y divulgación.

Sabemos que la obra data de la segunda y más importante etapa del poeta tras un periodo de inactividad, entre finales el s. XVIII y principios del XIX, cuando aún Grecia no había adquirido su independencia y se encontraba bajo el yugo turco. Los análisis caligráficos, así como del papel y la tinta utilizados se llevaron a cabo tanto por el Instituto Nacional de Objetivística (INO) como por el Centro Nacional de Análisis Caligráfico y Datación de Manuscritos (CNACDM). Del anáilisis polimórfico del papel se obtuvieron pruebas de una posible vinculación con fábricas de papel de Constantinopla y Atenas de principios del s. XIX, que utilizaban principalmente madera de cedro y ciprés leporino. Expertos del INO señalaron (Informe II, 1983: 129) que la tinta utilizada, cuyo color, en gran parte, se había deteriorado en tonos azules por exposición a hongos y bacterias (género *Clausus Lamifolius* y *Empedusa Laureata*), se correspondía claramente con un tipo de tinta negra muy utilizada en la región de Anatolia septentrional, aún hoy día en territorio turco, más claramente de la casa *Karadeniz* (Mar Negro, en su traducción del turco), importada de China (región de Feng Chuang).

De estos minuciosos estudios y del informe final del CNACDM (Solicitud 003492059, 1983b: 34) pudo desprenderse que el autor se trataba de uno solo y que había recibido una formación cuasi intrínsecamente griega. Sin embargo, gracias a los datos históricos recabados por ambas instituciones, sabemos que el autor conocía a la perfección la lengua y cultura turcas, deducible asimismo de cierta tentencia a incluir o cometer otomanismos, tanto sintácticos como léxicos, propias de una lengua aglutinante uralo-altaica.

En este fragmento, traducción de unas notas al margen para un poema del que no se tiene constancia, puede apreciarse su profunda formación religiosa cristiano-ortodoxa a pesar de dicha influencia turca y, posteriormente, castellana:

Serafines (alas en pies), querubines (cuatro alas), tronos (ruedas del carro de Dios), dominaciones (guardianes del mundo, soldados, espada), virtudes (trabajan por los milagros), potestades (naturaleza, estrellas), principados (guías, lis), arcángeles (santos, lucharon contra los demonios), ángeles (mundanos, únicos que se manifiestan, velas o palmas de triunfo)... (p. V)

De estos otros dos fragmentos, en forma de meditaciones teológicas, además de la gran cantidad de arcaísmos griegos que han podido identificarse propios de la *cazarévusa*, se extrae un buen número de datos de las dudas existenciales del autor:

Como dicen los castellanos, no hay mal que por bien no venga. Es verdad, porque Satán viene de Dios, [es un] Ángel Caído. Luego todo aquél que vaya en contra de Dios, ha de ser favorecido por

Satán. Y, si va a favor de Dios, ha de ser favorecido por Dios y castigado por Satán. ¿Qué se teme más? ¿La ira de Dios o la ira de Satán? ¿Qué se ansía más? ¿Los dones de Dios o los dones de Satán? Somos instrumentos de los dos bandos. Ninguno nos puede castigar más que Dios, el todopoderoso: debemos inclinarnos por el de Dios, prescriptivamente. Entonces, ¿dónde está el libre albedrío? Y, si es Dios quien nos castiga, nos envía al infierno, con Satán, para engrosar sus tropas, las cuales, a su vez, son enemigas de Dios. No creo que esa sea la voluntad divina. Si nos castigara Satán por no estar de su lado, sino del lado de Dios, ¿su castigo es el paraíso? Creo que está claro, porque, ¿quién conoce mejor a Dios, sino un ángel que lideró sus tropas y que se hartó del cielo? Para Satán, ¿será el cielo su propio infierno? En conclusión, el infierno está liderado por un ángel del que no puedes fiarte, en ausencia de Dios. El cielo está liderado por un Dios cuyos caminos son inexcrutables, desconocidos. ¿No hay mal que por bien no venga? (p. XVI)

¿Cómo se puede amar a Dios? El roce hace el cariño, está ahí, en algún lugar más allá del cielo. Distante, intangible, superior, nos hace sentir inferiores. No es humano, no tiene nuestra forma, no nos identificamos con él, nos castiga y juzga, nos ve y espía, intimida: es nuestra culpa y conciencia colectiva e idealizada, amigo imaginario cuyas características son inimaginables. Si conocer es amar, ¿cómo puedo amarle si no lo conozco, no se deja conocer, no es conocible? Es tan bueno, tan aburrido, tan deforme y perfecto que es nada, y lo es todo, no se ve, ¡no se oye! ¿Señales solamente? Mismas pasiones, defectos, vicios; pero es poderoso, virtuoso, sabio antropomorfo. Aproximable, entendible, belleza como medio a la naturaleza, como explicación del por qué las cosas son así. ¡Sustituto del mito, lo llaman! (p. XI)

Como vemos, se debate entre el bien y el mal y las diferentes inferencias lógicas que pueden obtenerse en relación a sus conocimientos cristianos ortodoxos.

Soy alguien paciente y tranquilo,
¡aborrezco tanto las prisas!
La reacción de la gente admiro
ante un problema (¡me da risa!),
o ante un asunto harto sencillo
de solución, tal vez, sencilla.

No apunto a ambicionar
tesoros positivos:
a no aspirar aspiro.
Yo quiero en realidad
quererme a mí yo mismo,
a asentir que declino.
Ansío hallar la paz
puesto que así no ansío:
me afirmo y contradigo.

Soy alguien constante y cautivo,
me labro sin pausa una vida
de estudios, de viajes, de libros,
siempre haciendo lo que me dictan
los avatares del destino.
¡No espero al Amor, que me obliga
a darle lo qu' hé conseguido!

No apunto a ambicionar
tesoros positivos:
a no aspirar aspiro.

Yo quiero en realidad
quererme a mí yo mismo,
a asentir que declino.
Ansío hallar la paz
puesto que así no ansío:
me afirmo y contradigo.

3. La traducción (N. del T.)

Y bien, he aquí las traducciones de los poemas que aquí expongo, propongo y cuya publicación siempre he pospuesto. Están plagadas de referencias personales del autor original y cuyo nombre es ampliamente debatido, si bien todo indica, como se ha expuesto anteriormente, a Meris Yanópulos. El *polvo emocional* (como describe el autor, p. VII) son esos recuerdos preciados (y despreciables) que se acumulan sobre las cosas, y esta obrita está llena de eso. Otros lo llaman valor sentimental, pero creo que ese término no implica un proceso de tiempo y acumulación.

En este caso, tampoco negaré que aprendí a tejer sus pretextos, remendar sus agujeros –que aún tiene-, a conocerlo y a mí a través de él; que lo cociné en mi horno y puse en él todo lo que siempre pensé que jamás me arrepentiría de comunicar: un sabor a caos, una burla estrafalaria por amor a esta obra única, un bocado académico que me supone haber escalado ese insalvable obstáculo del *todoestadicho*, del indescriptiblemente desalentador *nosemeocurrenada*... y, ¡zas! La familia Cuzco y Meris Yanópulos, con *Telesígrafo* o *Ultimátum*.

¡Qué tristes afirmaciones por lo crudo de su (posible) verdad y qué repugnante es a la imaginación más fructuosa! Yo no lo creí así, y animo a todo el mundo a producir, a crear, a construir cosas a su alrededor contra viento y marea, a capa y espada, a atreverse a traducir lo intraducible. Así que horneé el manuscrito como un jugoso *baklavás*, poniendo toda mi fe en mis posibilidades y sus avellanas, nueces, o lo que sea que dé tal gusto a añejo y vívido. La traducción de tantas referencias culturales, léxico especializado, palabras arcaizantes, expresiones turcas del Ponto... se me hicieron, por lo pronto, bastante duros de afrontar, pero aquí están mis enfrentamientos propuestos.

Si este opúsculo no pretende romper con ningún molde ni saltarse ningún parámetro, canon o prejuicio estipulado es porque es fruto de la más pura ingenuidad, del gusto propio, del *savoir détruire* de alguien que emprende una tarea íntima y subjetiva que emana de una estética de la misma índole, naïf.

Δεν έχω πια ταυτότητα.
Το μοναδικό που μου απέλειπε
είναι αυτό εκεί που αγαπάει.
Δεν έχω επιδερμίδα, ούτε σάρκα.
Δεν έχω μάτια, ούτε φωνή.
Δεν κατέχω πια τα μπράτσα μου.
Επειδή η διάθεσή μου, θερινή,
τα καπρίτσια μου, άνοιξη
αν και έξω χιονίζει.
Δεν έχω πια κάποιος να με σώσει
από αυτά τα λουλούδια αγάπης
που φυτρώνουν στα χέρια μου,
κόκκινα πέταλα του κακού
διαρρέουν μες τις φλέβες μου
και ξεχειλίζουν στα χείλη.
Ποιός θα χορτάσει αυτή τη δίψα
του να θέλω να πετάω δίχως πτερά,
και θα δώσει ο,τι μου λείψει
δεν χαρίζοντας τίποτα ποτές;

3.1. Contra otras versiones

¿Tan difícil es admitir que los otros lo hicieron mejor que nosotros, que jamás podremos alcanzar su meta y superarla es una utopía, como en la traducción del original? ¿Sólo podemos alzarnos sobre ellos rompiendo sus moldes? ¡Creando nuevos! ¿Tan optimistas somos que no paramos de buscar algo que jamás encontramos, esa clave, esa palabra, esa expresión, esa historia que nos hará fieles y exactos? ¡Cuántas veces hemos intentado definir el amor, el *concepto rey* como lo llama un amigo, creer haber dado con su definición en un párrafo o en una conversación? ¡Cuántas veces hemos intentado ponerlo en práctica y no sale? *¡Qué más da!* dicen algunos nativos, pero yo me niego. Y digo: ¿no es perfecto y violentamente original? ¡Qué más da! ¡Era lo que quería decir y como lo supe decir y no esperaré la perfección por el simple hecho de que es estéril! Estoy en contra del perfeccionismo, y a favor del mejorismo.

Uno no empieza a leer poesía sin ningún fin aunque haya un sinfín de poemas. Uno siempre va buscando algo a la hora de emprender una excursión a una *autoexpresión creativa*, esos extractos de microcosmos privados... y no sé si el lector encontrará aquí lo que busca, porque rara vez son unívocos y universales.

De la misma manera, las cosas no se escriben porque sí. Hay un contenido primero, un susurro primero, de Juventud, de Inspiración, de ingenuidad que pide plasmarse, exige forma o métrica después... O surge primero el susurro y después el contenido y la métrica. Los que no estén conmigo en la métrica ni en el contenido y apuesten por los blancos, los sueltos y la oscuridad convendrán, sin duda, en la necesidad de un susurro primario al menos...

3.2. Decisiones de traducción

Luna astada

Río, dulce rima de agua onírica, sudor de montaña, lengua que lame laderas, valles, villas como babea un caracol. Mar, océano... prosa salada y verborrea matutina y espejismo uránico, pamplinas varias, paja mental, las astas del toro: ¡la felicidad escribe en blanco!

Missolonghi

Por todas las almas de los caídos, dejemos las armas, seamos amigos, que no hace falta vivir intranquilos, ni que hayan desgracias, víctimas y heridos: ¡que nadie gana, es así de sencillo! Está en cada página de todos los libros, en cada lápida de cada niño, en cada lágrima de un amante, en el dolor de un marido que escarba en sus manos algún motivo para negarse el suicidio. ¡Que nadie gana, es así de sencillo! Oh, ya basta de gemidos que se clavan en mi oído de nuevas viudas, de un no-sobrino, de neo-guernikas de piel, cuchillos. Oh, ya basta de mentiras: aunque España sean veinte, viva el rojo, el amarillo; viva Grecia, la izquierda, la derecha; lo importante: estar unidos, porque, a la larga, ¿quién, si no, que fuimos?

4. La "bodega interior"

Por otra parte, los poemas se entienden aquí como obritas que representan momentos, sensaciones, instantes. Considero que la alegoría escrita de un momento no puede durar más que el momento que la engendró... De todos modos, la falsedad de una idea no puede impedirle el ser, simplemente, bella, en eso sí estoy de acuerdo; pero es aún más hermosa cuando creemos que es real... y hacemos que lo parezca.

La *bodega interior*, como así la llamaba Meris Yanópulos, reserva en su vientre algunos vinos íntimos, de uvas ya podridas, ya inmaduras o en su justo punto. Pero son siempre selectas. Selectas en el sentido de escogidas, por contener esencia.... En su bodega se oyen susurros. Hay una bestia herida que recuerda las aguas mansas de entonces, que resultaron ser dolorosas y cicatrizantes en el fondo de su cauce... *¡Dios nos libre de las aguas mansas!* decía en su poema XXIII.

Allí sopla la brisa calma, aquella hora en que, en su *Germinal*, que seguro escribió en un sueño vespertino, encontró a sus marionetas candorosas en su madurez sexual... pudorosos de su desnudez madura... Allí, en la alhacena, siempre hay picantes templados e historias especiadas que contar, de esas que nunca se olvidan y se evocan con el espíritu de Flaubert.... Pero, para llegar hasta ellos, es preciso pasar el mes de Thermidor, caliente como su propio nombre, emoliente y subversivo pero catártico como el fuego ondulante.

Mi intención final, por tanto, es demostrar que lo hice: un hueco en esa gran biblioteca, que me hallé victorioso en dejar constancia de mi paso a trompicones por este mundo, cuna, planeta y nodriza de belleza tan violenta y viva, aunque fuera a través de la pluma de otro y la dismorfofobia propia. Como sorbos de vino, bebe hasta emborracharte, es tu responsabilidad, y ten en cuenta que son, sobre todo, poemas que tradujeron su voz y su estilo, pero que, en calidad de versión, me hubiera gustado leer a mí.

En fin, abro las cortinas, corro el telón de un teatrillo que espero que guste como todos esperamos gustar, pero ante todo y, más que nada, que sepa ser leído como lo que es, poesía negada, desmedida y recurrente de una voz griega hispanófila ya perdida y en boca de un hombre contemporáneo.

Alejandro G. Aragón
en Granada, a 20 de julio de 2010

*A todas aquellas personas
que alguna vez hayan creído en mis tequieros,
pero, sobre todo, para aquellas que aún los escuchan.*

*Για όλους όσους
έχουν κάποτε πιστέψει στα σαγαπώ μου,
αλλά, πάνω απ'όλα, για αυτούς που ακόμα τ'ακούν.*

germinal

Ya no tengo identidad,
lo único que me queda
es eso ahí que está amando.
Ya no tengo piel ni carne,
no tengo ojos ni voz,
no poseo ya mis brazos.
Pues mi ánimo, estival;
mis caprichos, primavera,
aunque afuera esté nevando.
Ya no tengo a quien me salve
de estas flores del amor
que me crecen en las manos;
rojos pétalos del mal
van fluyendo por mis venas
y rebosan en mis labios.
¿Quién me saciará esta hambre
de querer volar sin alas,
y dará lo que me falte
regalando nunca nada?

***

Misma feminidad viva
con un corazón que late.

O ya ninfa d' aguas tibias
qu' a escondidas va ' bañarse.
¿Por qué t' empeñas tú, niña,
en seguirm' a todas partes,
dejando allí, donde pisas,
florecillas tan salvajes?

Porqu' el viento apag' al agua
porqu' el agua esfum' al fuego,
y el fuego moj' al alma
que s' escurre entre mis dedos.

Huye conmigo, Sativa,
vestida 'n pomelo y cobre;
con notas de blues y vida
calzaremos nuestros nombres.
¡No t' escondas entr' el brezo,
que traigo intenciones nobles!
Sal del agua y dame un beso
de canela, pan y goble.

Quiero ser sólo tu amiga 'un-
qu' en mi pecho algo redoble
y estas lágrimas m' embistan
con calor de amor salobre.

¿Condenas tus entrañas
porque nada tienes dentro?
¿Es que ocultas tu mirada
para no causarme miedo?

Es qu' el viento apag' al agua
porqu' el agua esfum' al fuego,
y el fuego moj' al alma
que s' escurre entre los muertos.

Sin amarte cada hora,
de un instante no me acuerdo,
embriagando, sin beber,
la memoria de los sueños.

***

y por la noche vacía

Y por la noche vacía
vagan espectros de angustia,
suspirantes y opresores,
que a los despiertos asustan.
Y por la noche vacía,
a la hora de las brujas,
sin palabras ni emociones...
almas siniestras y mustias.

Sus huesos te miran,
atentos y sabios:
conocen tus duelos
y cada pecado.
La piel se t' eriza,
sábanas se mueven.
entonces te gritan:
"Esta noche mueres".

Y por la noche vacía,
muerden su labio los sueños.
Se arrepienten, ¡desertores!
Abren brechas al infierno.
Y, por la noche vacía,
sierpes descalzas, desvelo.
Al oído, se oyen voces:
"¡No debiste haberlo hecho!"

¡Sus huesos vigilan
atentos y sabios!
Rodean tu lecho
por todos los lados.
"Vuelves a jugar",
mansos, te advierten.
Y luego te gritan:
"Quizá no despiertes".

***

El estrés postraumático del mundo:
la crueldad refinada de tus ojos...
La ausencia más perfecta de alma, entrañas:
esa libra de carne que te debo.
Desde que me dejaste en la estacada
el mundo es absurdísimo en sí mismo.
Tan sólo he lamentado aquel final
ambiguo, interminable y rencoroso.
¡Una piedra te caiga en la cabeza
y siendo un portugués quien te la tire!
abriéndote esa mente tuya hueca,
dejando entrar razón te contamines

de tu conciencia sucia, de amargura,
de sed inconsolable, de resaca,
de soledad, pastillas y mil putas
que intenten controlar tu corazón
y sientas que quisieras, y no puedes,
y pienses que debieras, sin hacerlo,
follando sin cuartel ni sentimientos
muriendo por tu espejo despiadado
de luto por un cuento inacabado
pensando ser de hadas sin perdices
celando a otros mortales más felices
segando su alegría con tu cara
comiendo sin querer abrir las ganas
tachando tu ideal desamparado
mordiendo tus almohadas con la rabia
de saber que yo fui sin más reparo
el último refugio que has querido
el último despiste que has amado
el último palurdo que has herido:
tu último recuerdo confiado.
El mundo es absurdísimo en sí mismo:
ambiguo, interminable y rencoroso.
Ten cuidado. Anda con ojo.

***

falera I

Las jadras de la mereda
se astergaban saminosas,
y entre lúminas y endenas
perilaban en las posas.

Aún ridaban silveras
que embralaban con las mordas,
y el feñol lausaba en éstas
esmildando en cada cosa.
¡Oh, qué galbe tan deloso
cuando escalpan las faleras
y resemblan ser de ploto
cuando son tan sólo güeras!
No me anarbes porque amploro,
perpón que sea por mis crejas.
¡Oh, qué goble tan deloso
cuando escalpan las faleras!

***

¡Eres la cosa más dulce,
la más dulce de las cosas!
¡Eres mi antes y después,
la más viva de las formas!
No recuerd' un solo instante
sin amart' en cada hora
embriagando, sin beber
de los sueños, la memoria.

***

Las olas, llamas de alga fresca y clara,
llevan perlas de sed,
clamor que me transporta, lame y lava hin-
cando, suave, sin miel.
¡Diez cántaros cargaba en diez albardas
de tu arrollo en mi piel,

que bañas de oro blanco mi ancha espalda,
con aires del ayer!
¿Por qué tu agua será, fuente, tan mala?
¡Yo te quiero beber!
"Espuma no potable; alma estancada."
Te reza así el cartel...
Pero mojé una vez mi boca en ella
y siento ser un pez
que colea asfixiado estando fuera
en un mundo de sed,
sed que jamás lo sacia aquí, en la arena,
al no nadar en él,
¡sed de una mar salada, mar en pena
de Tántalo al revés!

***

falera II

Fragolo tus lipas brescas
sin lemarlas de silmores.
En tanto, tus ciras pestas
candilean por mis dolbes.
De safrán y cadamora
salbedé tu empor de amuz,
y esfildé hasta justo ahora:
desde el prásino al feñud.
¡No zoguen sin ti las merlas
ni jaldeen los ceroles,
que sablen sin fin por ella
y celpistan las mejores!
Porque habrá diez mil azorbas

imbridando en cada ismira,
¡no me dejes sin tus londas,
triste Ismena, tan deprisa!

***

espigas secas

Espigas secas, rotas; y el corazón, segado.
Padecen de migraña los gualdos pastizales...
en la gualda solana, lo gualdo de la tarde,
recrujen a vainilla mis pasos despeñados.
Me salpican de luz sus grandes ojos verdes,
planetas de olivino, sarmientos de cristal,
radiantes hojas frescas de plátano que mecen
la risa del estío, tan íntimo fanal.
Furtivos, de tu mano, guíame hasta tu villa
de vino, queso hivieso, y de lino torzal.
Muéstrame tu centauro, pero esta vez sin bridas:
cráteras, leche y carne... por toda eternidad.

***

Ay, Dios, ráptame el corazón
que no lo quiero porque me duelen
sus llagas encarnadas.
Ay, Dios, águila del amor,
voy tan de vuelo por que me lleves
que adoro en mí tus garras.

¡Llueve tu sangre por mis prados,
presa herida por los cielos!

Liba tu néctar, dulce esclavo,
tiñe el suelo de bermejo.

Ay, Dios, quiero ser tu copero,
y escanciar tu deliquio y dulceza
con bouquet de manzanas.
Ay, Dios, ¡quién fuera tan bello!
e ignorase el poder del que duela
tus llagas encarnadas.

***

Parecen dispararse los tejados
como paños tendidos que volasen.
Es el sol, que los vuelve arrojadizos
al ojo perezoso que despierta.
Parecen ser pescados colorados
apiñados mostrando su escamaje,
soltando sus agallas gas de olivo
como buques armados en cubierta.
Se oye un disparo: ¡pan! y el aleteo
de jilgueros, pardales y palomas,
pistachos esmaltados: ¡papagayos!
se esparcen cuan burbujas suspendidas.
Matilde abre contenta a tal gorjeo
su celosía ebúrnea pelirroja,
y apoya en el alféizar con desmayo
sus brazos como largas peras chinas.
Se escurre el azulillo por el prado
tiñendo de llovizna nuestra aldea.
Perfume a pan caliente. Rumor. Gotas.
Desagües de metal. Hayedo quieto.

Se agitan maliciosos renacuajos
en el fondo de su alma, en la caldera,
donde bulle un guepardo con la boca
violenta que demandan sus anhelos.
Los nimbos se evaporan, resignados.
Parecen dispararse los tejados,
y apoya en el alféizar, con desmayo,
pistachos esmaltados: ¡papagayos!

***

Soy castillo a la solana,
en ruinas, sobre un collado,
y este calor que me aplasta
carga todos mis costados...
Ya no ostento mil ventanas
de vidrieras como antaño,
ni el salón de terciopelos
ni tapices de oro en paño,
sólo pájaros ¡y nubes!
me repican los peldaños
con su eco de fantasmas
en un cielo gris y blanco.
Nunca nadie me descubre.
Vivo solo y apartado.
Vivo preso de mis sueños
y de un foso que hizo estragos.
Fui la cuna de la nata
de mil nobles toledanos,
que protegí de las lanzas
que ellos mismos se arrojaron.

¡Permanecen aún las llagas,
de su odio encarnizado,
de su afán por el poder,
de su loco dios urbano!
Y es por eso que echo en falta
dos murallas de las cuatro,
ya no ostento mil ventanas
ni tapices de oro en paño.
Mas mi llaga más ardiente's
la que tengo d'ese prado,
-aquél que se yergue luengo
aquél de color tostado-,
de brezo largo y simiente,
un país *descarnizado*,
pues mi historia, como todo,
se queja de un cruel pasado.

***

Da comienzo la batalla,
-es la reina quien lidera-,
cabalga una yegua baya,
y con ira la espolea.
De granate fuerte y brava,
la corona en su cabeza,
con San Jorge de la espada
los dragones atraviesa.
Su hermoso rostro, escondido,
es de un ángel justiciero,
cuya música es el grito
del acero contra el hueso.

-¡No son más que tiernos niños!
¡Qué pronto os llama el Infierno!
dice asestando con giros
golpes limpios en sus cuellos.
Un jinete de otro bando,
con alta y clara diadema,
viene presto por su lado
y le habla sin vergüenza:
-Soy el rey de estos dominios,
sin casar por el momento.
¿No soy yo el más parecido
de todos los caballeros?
No seamos enemigos
devastando así a Toledo.
Case su alteza conmigo,
uniendo en paz el reino.
Y mirándolo Victoria,
que así se llamaba la reina,
lo escudriña con la boca y
con el ojo lo desdeña.
-Valiente, vano, engreído...
¡sólo sangre eres por dentro!
Y tomándolo del cinto,
destapóse y diole un beso,
y mientras daba un suspiro,
lanzóle en la faz veneno.
Tan sangrienta estaba el agua...
que el río tornó magenta,
tiñendo dentro de grana
las naranjas de las huertas.
Si bien nunca viera el cielo,
pudo verle el rostro a ella.

¡Gloria tuvo estando ciego…
aunque otros ya no viera!

***

adivinanza

Estandarte de los cielos,
arma blanca de Diana.
Nadie puede verlo entero
más que el iris de las almas.

Siete razas al desnudo
siempre unidas por un orbe.
Es la seña que Neptuno
prometió para los hombres.

Es salida del Infierno,
lira trágica de Apolo.
Si con esto no adivinas,
al final hay un caldero
repletísimo de oro.

***

risalarisalarisa (A Lárissa)

T' escribo esta risala
enfundada en secreta intimidad.
Pasta de papel
d' emoción manchada' l
mirar hacia atrás.

Sobr' ella, tu morada:
tan distante
alcázar,
que llam' hogar,
despunte de sol
murient' en su albada:
cuando m' he de marchar.
T' echo de menos.
(Nadie sabe por qué
de aquello
que tuvimos.)
Yo era completo.
Pero el tiempo, al correr,
tropezó. Nos caímos.
¡Huele tanto tu falta
aquí en la caravana!
¡Copas de Marón,
qué triste lugar!
Clavo, claveles,
clematis se clavan,
no me harán olvidar.

Te escribo esta risala
en fundada intimidad.
Tu olor se me antoja
estatua de sal.

***

Amor de patio blanco y a escondidas,
y de noche, de raso en los tejados.
Amor, que brincas alto entre fingidas

palomas de algodón en tus costados.
Amor, que silbas fuerte en avenidas,
y en tu lecho temprano en los collados.
¡Cómo pegas tus coces desmedidas
en nuestros corazones desbocados!
¡Cómo de perro hambriento, tus heridas,
y de gallo real tus picotazos!
Sin embargo, de dicha nuestras vidas
sembraste interviniendo sin reparos.
Sin embargo, hasta el agua es colorida,
hay miel, ¡leche! en la boca del amado.
¿Cómo ocultar un sol en sus salidas
con dos nubes que ignoran sus mil rayos?
¿Cómo no ser tu siervo en esta huida
que tras tu obsequio es él también regalo?
Mi gratitud no entiende, sorprendida,
de palabras, conceptos ni de plazos.
¡La nuestra es tan enorme que hasta brilla
excitada, en la noche, sin descanso!
Detrás, en el jardín, habrán mentiras
que habremos de arrancar con nuestras manos.
Delante, una fachada blanco-tiza
y un almendro, un naranjo bien cargados.
Dentro, caldea el fuego la guarida
a su mesa, en su cama perfumados
de luz de sus cien velas cantarinas,
de vino incandescente su legado.
¡Cómo sacas mis lágrimas mezquinas,
de su caja de nácar esmaltado!
¿Cómo ocultar la luna a su venida,
excitada, en la noche, sin reparo!
Amor, que silbas fuerte en avenidas,

y de noche, de raso en los tejados.
Amor de patio blanco y a escondidas,
palomas de algodón en tus costados.

***

Enciendo un par de velas en la cama
fingiendo ver el numen que me inspira,
pero sólo las sábanas me hablan:
"¡Abandona tu tinta!" Al fin, me obligan.

Veinticinco poetas me arrebatan
una página, un hueco entre sus líneas.
Sus versos me estrangulan, sus guirnaldas
decoran mi ataúd de intensas lilas.

¡Qué poeta! Sin musa, sin amada,
sólo un hechizo loco de otras liras
tañidas por su mano en la distancia
y que imita, en papel, su viva rima.

¡Qué poeta? Decidme, ¿quién se jacta
de serlo sin temer que ya no escriba?
¿Quién concede el laurel y lo proclama
aedo consumado y lo bendiga

con el don del ingenio, la constancia,
la palabra adecuada e inaudita,
la elección del estilo que se adapta
como un guante a los gustos del que opina?

Enciendo un par de velas en la cama
fingiendo ver el numen que me inspira,
pero sólo las sábanas me hablan:
"¡Abandona tu tinta!" Al fin, me obligan.

***

La manzana, colorada
y la piedra en el cristal,
del amante que me llama
a la hora que acordamos
por la noche, en el maizal.
Le abro mi ardiente ventana;
con gestos dice: ¡ven ya!
Dejo corriendo la cama,
sin ruido, los pies, descalzos,
sienten mi pecho al hablar:
"Deja la puerta encajada,
cruja o no cruja, da igual.
La casa es de tablas malas
que chillan por todos lados
verdes de envidia estival.
Ponte perfume en el alma,
lleva en el cuello un imán.
Prende en tu rostro una llama
que te guíe en los pasillos
al traspasar el umbral.
Él te espera entre unas ramas
escondido en el corral;
y es su beso entre la paja
un relámpago muy fino
en tus senos de metal."

Dos manzanas coloradas
y un mordisco mineral.
Comienza el coro de espadas
temblando en la carne un brillo
que es vapor de un carnaval.
Nos queremos a las bravas,
ningún bien que declarar.
No nos sirven las palabras:
nos cantan bajo los grillos
los placeres de la edad.
Nuestro amor es la descarga
de una mentira sensual.
¡El aire libre nos mancha
por fuera y nos deja limpios
del secretismo social,
a la hora que acordamos
sin ruido los pies descalzos
por la noche en el maizal!

***

chocolactem

Es momento oportuno y relajado
para un buen chocolate en nuestras bocas,
que estamos en ayunas concentrados
a 25 grados en la sombra.
Qué dulzor tan amargo y tan noble,
ni ácido ni astringente, algo salado
según de qué te plazcan sus sabores:
de floración perfecta, final clásico,

que es un lujo el relleno
en los bombones
de ese aroma a licor aventurado,
vainilla, piña, plátano o canela,
pistacho, nuez, almendra, fruta fresca,
avellanas o miel, ¡color dorado,
su crujido sagrado que revienta!
Mordiscos pequeñitos, qué textura...
se derrite frotándolo en la lengua
contra un cielo impregnado de hermosura!
Se percibe el contacto en su estallido...
¿de Pakistán, Masala? ¿o es pimienta?
Es lógico irrumpir con un gemido...
cuado con tal placer se nos contenta.

***

Manejo el viento, las brisas,
soy guardián de las corrientes,
protejo el alma salina
de mi gran corte marina
y le obsequio al hombre peces.

Viajo libre por las islas,
bajo el sol, entre tormentas;
hundo los buques, sus quillas,
torno sus velas en trizas
si me imponen su bandera.

¡Brindan por mí en las tabernas
marineros, pescadores!

Al pirata que me reza
le conservo la cabeza,
y a la mujer, por quien rogue.

Mas, aunque no lo parezca,
me pudo una vez el hado:
me sometió a una condena:
me apartó de las arenas
en que me había crïado.

¡No sé cuál fue mi delito!

Hay en mí un ancla de oro,
pero un ancla al fin y al cabo,
que en la arena del vinoso
ponto a su fuerte cadena
un día me dejó atado.

¡Vínculos de mar dolosos,
vórtices que me han ahogado!
Veo siempre el sol borroso...
¡ay! rielando en la marea
de los barcos naufragados.

Me lanza hacia arriba el Noto...
y mi gran pena hacia abajo.
Eslabones y pellizcos
que se hincan como erizos
en mi carne, chirriando.

¡Extraño deseo, triste
locura esto de nadar!

No hay sextante que me guíe
por entre estas dunas de agua...
tan sólo mi voluntad.

Debe haber algo que hice,
debí haber causado un mal.
¿Enojé quizás a Anfítrite,
que cubre la vasta tierra,
o a cualquier otra deidad?
¿Fue mis tesoros de perlas,
fue mi cetro de coral?

No me sacian los doblones,
las redes, las caracolas...
las traviesas cabrïolas,
las sirenas en la proa entre delfines juguetones.

¿No elevé quizá mis preces
al eximio Poseidón?

¡Vínculos de mar dolosos!

Ya mis piernas las escamas
me las funden cual tritón...
Bebo agua, como algas,
y mis ojos son de nácar
¡siendo humilde pescador!

¡Vórtices que me han ahogado!

Veo siempre el sol borroso...
al mirar en mi interior.
Ponle aletas, sí, aletas...
a su verdugo anterior.

***

Oh, ¡qué noche nos espera!
¡Cómo esperamos la noche!
Id encendiendo las velas,
que comience ya el derroche,
que tras la danza y la cena
-tan copiosa como buena-
aún quedan los licores.

¡Vivan las uvas de Dios!

¡Quitan del mundo el pecado,
su recuerdo en pecadores!
Mmm, ¡qué exquisito bocado
que realza los sabores!
Ardua lucha de salados
-id pasándoos los platos-
contra el dulce de las flores.

Desde Nisa viene Baco
a ser rendido ovación.
¡Trae jornadas de teatro
y música al odeón!
Coronado con sus pámpanos,
de la India trae relatos
de aventuras que él vivió.

¡Vivan las uvas del dios!

El concurso da comienzo
con gran estruendo y clamor...
¡Por las patas de Sileno,
la melena del león!
Todos miran en silencio
-va ganando un forastero-
¡ese persa es el mejor!

¡Quita del mundo el pecado,
su recuerdo en pecadores!
Mmm, ¡qué exquisito bocado
que realza los sabores!
Ardua lucha de salados
-id pasándoos los platos-
contra el dulce de las flores.

***

Oh, sastre y, desde siempre, cirujano
de esa fina tortura de tus hilos
que al vientre, mente, vísceras cosidos
en vilo y seda penden de tus manos.

Tus pupilas, agujas de tu engaño,
son la lírica afrenta de los niños.
¿Sostener las miradas? Sí, lo hicimos,
pero, ¿cuál de los dos el que ha ganado?

Diste aquí con tu piel y con mis panes,
tu sándalo confuso, timbal, jaimas;
de tan lejanas leguas, tierras rojas,

con tus pesos ajenos... mis caftanes.
¡Arrástralos a mí, el centeno, alforjas!
Pues hasta aquí llegaron, aquí paces,
divierte tu pesar y, mece, toca.

***

café

El sabor de las naranjas
s'entremezcla con los sueños
en las mañanas, tan blancas,
en la corriente del viento.

Está 'bierta la ventana,
hoy no hay viento de levante,
y me quedaré 'n la cama
sin pensar en levantarme.

Porque ya lo he hecho todo,
y lo que queda no importa.
Tranquilizadores logros
de un café que sabe a gloria.

***

inscripción en una corteza

Siempre que la menta fresca
simbolice nuestras manos,
la palabra entre la hierba
sea el beso que nos damos.

Un amant' es para siempre,
siempre que ambos nos queramos
siendo amantes siempre verdes
en el tronco d' este árbol.

***

sunyata

Jonás, ¡mi sol de luz tan negra, oscura
que es capaz de absorber la superficie
material de las almas en desgracia,
rey del hampa sagrado y de su efigie!
Tú construyes del caos, destrucciones,
lo único que brilla en la perfecta
ausencia de su lumen, caracolas,
mar nocturno, un océano de cárcel.
Predices las catástrofes más bellas,
provocas desenlaces con tus dedos
desde el vientre uterino en la ballena.
Día opaco de espíritu, Jonás,
convierte mi desdicha en el salvado,
el trigo de mis dones, tus tesoros.
Esta dolencia infecta me suplica
que dé fin a su lanza en mi costado.

¡Grilletes ancestrales! Luminosa
llaga que me transporta… en su vesania.
Las aves no retornan de este invierno.
La nieve está en sus plumas incrustada.
Los santos van volando hasta su encuentro
y el sino delicado que lo espanta.
Jonás, mi sol tan negro
que eclipsa y no te apaga.

***

ella

No está 'l sur, sino éste 'n ella…
Flota en un aire caliente,
candela deja 'l pasar.
Al pasar deja una estela
de piropos indecentes:
¡Tú naciste par' amar!

(Ja, ¡sigue soñando, amigo!
Precedida de suspiros
van oyéndose crujidos:
corazones al quebrar.)

Su cuerpo es llama de vela,
va ondeando suavemente
sus caderas al andar.
Al andar todo lo quema,
devastando cuerpo y mente,
y jamás mira hacia 'trás.

(Te lo tengo más que dicho,
tú no estás en su destino,
y sin oro en tu bolsillo
eres como los demás.)

No me dirás que no es bella...
La va mirando la gente
a donde quiera que va.
Va moviendo las esferas
con los astros más celestes...
siendo suyas de verdad.

(Te lo tengo más que dicho,
¡esa es como las demás!)

¡Qué pomelos y entresedas!
Sabría mejor la muerte
que ignorar ese manjar.
Y tan firmes posaderas...
¡Ella entera es un presente,
por delante y por detrás!

(Una cosa sí te digo:
ella sólo es un capricho,
mariposa en el camino,
¡no la intentes atrapar!
Cuando ya l' hayas cogido
l' alegría es la del vino:
al principio, regocijo
y mentiras al final.)

***

"Amor" me dicen tus ojos
cüando en ellos me miro;
y de amor me inculpa el rostro
condenado a dar suspiros.

¿Qué voy a decirte ahora
que no te tengas sabido?
Seguro lo habrás leído
ya en alguna vieja historia,
ya de alguna otra persona
o de algún amante loco,
y, aunque siempre me sonrojo,
hoy estoy ya decidido
a dejar de estar en vilo:
"Amor" me dicen tus ojos.

No pretendo yo espantarte
con este encendido afán,
ni desprecio tu amistad,
pues más bien quisiera antes
desde un puente despeñarme,
servir de tierra a los pinos,
regar con sangre los lirios
si en tus ojos no hay más
que rechazo y castidad
cüando en ellos me miro.

Mis venas serán la hiedra
abrazada a tu cintura;
seré pan que tu hambre cura,
seré néctar cuando quieras,

¡eléctrica primavera
que dure según tu antojo!
Pues me hirió, me dejó absorto
tu tan violenta hermosura,
que de mí todos se burlan
y de amor me inculpa el rostro.

Te haré de azahar coronas
si me das tu dulce premio;
seré un cachorro sin techo,
percherón que se desboca
cuando te bese esa boca
de ron de miel y eucalipto;
y si me niega el destino
poder gozar de tu cielo,
en el Hades sea'l primero
condenado a dar suspiros.

***

la fruta y la pisada

No sé qué me falta
pues nunca lo he visto.
Ya bueno, ya malo
no quiere conmigo.
Me dicen que olvide
y sé que no puedo.
¡A ver quién me salva
no siendo insincero!
Estoy tan cansado

de tanto buscar
lo qué no he perdido
ni tuve jamás...

Mi córazón verde
madur' a tu paso,
y cae de la ram'
anté tus zapatos.
Desd' ese cruel día
en qué lo pisaste,
tu marca está en él
com' un tatuaje.
Estoy tan cansado
de tanto buscar
lo qué no he perdido
ni tuve jamás...

Y es qué 's el dolor
quien hace a la gente
amable y profunda
o el doble de alegre,
pues deja apreciar,
uná vez pasado,
aquello que siempre
se dio por sentado.
Estoy tan cansado
de tanto buscar
lo qué no he perdido...
¡ni tuve jamás!

***

En la gran indecencia, a veces pienso
que alevosa, entre reflejos me esconden
tantas bellezas alternas y a trozos,

ya en tres placas de cristal, su presencia,
ya en bordada acuarela, pastel, bronce
iluminado y al fin luminoso.

Pero puedo figurar sus figuras
henchidas de carmín, jengibre y drogas,
y saciarme en sus trazos, líneas, loco
de cordura, en la ilusión invertida
de su hermosura básica y deudora
de nadie, nada más que el puro azar.

Y en mis tan vivos recuerdos
puedo verte aún mirándome,
ya con ojos de furtivo
cordero, ya de verdugo;
y en mi oído, de repente,
escucho otra vez tu voz
que nunca estará demasiado
lejos para ignorarla.

Una y otra vez repite
con pellizcos insolentes
en el vientre tus palabras:
No te vayas, no te vayas.

Pero tuve que marcharme.

Perdóname por que sea
independiente y celoso
de ti y todo lo que es tuyo,
si bien no soporta el alma
el trato obsceno y vicioso
que recibo,
y me aventuro
a afirmar que fuiste tú
quien se fue,
que fuiste tú
quien nunca estuvo.

***

"vallencico"

Sé qu' he de resignarme
y pensar que no es de carne,
pero no voy a olvidarle
hasta el día 'n que me ame.
Aunqu' he de resignarme
y pensar que no es de carne,
d' entre todos d' este valle:
no hay nadie que lo iguale.
Porqu' este amor es domado
riachuelo
que hace 'strago al despertarse,
fiera de monte que no admite
dueño
siempre a salvo en lo salvaje.
Porqu' este amor es constante y
sereno

y a la vez extremo en parte,
le depara el destino un corto
tiempo
hasta que algo malo pase.

***

Queridísimx Xxxxxx,
¡mi gran última esperanza!
Me disculpo por tardar
en haberme decidido
a decirte que me faltas,
a decirte que las horas
son más lentas sin tus cartas
y qu' espero pront' oírte
de tu boca esas palabras,
pues más y más cada día
y conforme 'l día pasa,
con pimienta y sal mi vida
condimentan sabiamente
y despiertan más mi alma.
No puedo pasar sin ti,
no puedo vivir sin agua,
y al estar la fuente lejos
más la boca se me agria.
Cuando no llegan tus cartas
mi buzón está vacío,
todo el día está perdido
si el cartero se retrasa.
¡Quién pudiera ser vecino
del remite que me falta!
Oh, ¿por qué echaré de menos

lo que jamás he tenido?
Muy, muy pronto nos veremos.
Ten paciencia; prometido.

Esperando ver tu carta
me figuro cada sello,
imagino tus palabras,
fantaseo en el secreto;
paladeo los requiebros
de la tinta que me exalta.
¡Si cierro los ojos, vuelo
al través de la distancia!

¡Tengo en mis manos tu carta!
Y cuando l' haya leído
volveré a leerla tantas,
tantas veces como siglos
hasta que haya desteñido
el mensaje que l' avala,
hasta que haya recibido
la siguiente que la explaya.
Oh, ¿por qué echaré de menos
lo que jamás he tenido?
Muy, muy pronto nos veremos.
Ten paciencia; prometido.

Se abre al paso de mis dedos,
los mismos que ahora sacan
con caricias su deseo,
y desnuda, por completo,
irá a hacer de ti constancia,
y en sus trazos tan honestos

e ignorando que estás lejos...
con tu misma voz me habla:
Oh, ¿por qué echaré de menos...?

***

veinticinco de abril de 2004

Yo, toda mi vida esperando
al amor y, cuando me viene,
no tengo palabras.
Yo, toda mi vida aprendiendo
a vivir y, al sentirme vivo,
tengo miedo y muero.
El candidato perfecto,
me dices,
pero aún no hay elecciones.
Me da la risa más grande,
pero estoy en un entierro.
¡Soy feliz siendo así de desgraciado?
Es que entro en llanto inconsolable
ante la plaza...
Y, cuando estoy solo en mi casa,
estoy normal.
De repente bailo canciones
alegres, blancas,
y el salón es mi pista a solas.
Tal cual me pongo a pensar claro
como oscuro y gris.
¡Tan tarde concilio mi sueño
sin estar durmiendo!
Yo, toda mi vida esperando

al amor y, cuando me charla,
no tengo palabras.

***

Ese día
hacía tanta calor
que a las dos se fundió el cielo,
y quemado por el sur,
medio Urano quedó negro.

Hacía tanta calor
que a las dos se fundió el cielo,
y, escurriéndose el azul,
dejó ver el firmamento:

Urano: ¡Mi bella esfera zarca,
bóveda zafírea y turquesa!
¡Desnuda está mi espalda,
pueden verse las estrellas!

Ese día
Urano, de ira y pudor,
castigó al ardiente Helios,
y prohibió extender su luz
en la parte del incendio.
Le invadía tal temor
que temió perder su reino,
y obligó a la población...
a rendirse a dulces sueños.
Esa noche, el día primero,
a las dos, se fundió el cielo.

Urano: ¡Mi bella esfera zarca,
bóveda zafírea y turquesa!
¡Verán de mí galaxias,
cada ínfimo planeta!

¡Esa noche!
¡El día primero!
Él, ¡lloró! ... y hubo aguaceros.

***

μικρέ κι ανόητε Ισπανέ

Esta risa de llanto
es gemir de alegría,
este salir cantando
de mi casa en tinieblas.
¡Qué sonrisas, sollozos
de carcajada limpia!
Atisbos de paz ancha
y opresión incesante,
pues mi pecho, celoso,
me tiende una celada,
nutre una tempestad
de rayos y gardenias.
¡No! ¿Qué hago yo en la balsa
de Medusa sin remos?
¿Cómo pude enrolarme
en la mar sin timón?
Y así tú me reprendes,
para más martirïo,
con la luz de tu ausencia

cuando pido algo más.
Pido auxilio al silencio
con gritos que lo alejan,
te imploro ya los restos
del amor que a otros diste.
No te fías de mí
por verme semejante,
y, porque llego tarde,
el tiempo no esperó.
¿Es que acaso te callas
tu deseo más triste?
¿Es que acaso le tapas
la boca al corazón?
Esa llaga dorada,
ese argentino quiste,
te juro por mi vida:
los voy a curar yo.

***

¡Qué 'xpresión
(exquisita)
d' ese éxtasis
experimental,
un tanto extraño,
y exhausto,
en el exánime anexo exterior
del alma extranjera, ¡qu' exclama!
en el éxodo axial de la asfixia
de un fénix que se extiende
laxa y flexiblemente,
(no axilas sino alas)

no exige más que nada,
oh, fénix que se extingue
combuste y quema
en la explosión
de su propia llama,
de su misma... caldera.

Que no exista *esa* mujer,
que no existan las mujeres
las odi'a todas por ser-
te más bellas y atrayentes.

Ojalá se mueran todas
las hermosas que te hablen,
y al verte a solas,
al fin, me ames.

Di, ¿qué te da ella y yo no?
¡Progesterona maldita?
¿Son dos bultos y uno menos
ese cambio que te excita?

¿Un rostro hermoso al amarte,
dos ojos, nariz y boca,
los mismos labios de rosa
que te juran por delante?

***

cadadía

Cada día m' enamoro tres veces,
de varias d' entre la gente que pasa.
Cada día me figuro que viesen
aquello mismo que veo al mirarlas.
Me raptan los ojos tan de repente...
¡son flechas de canela, se me clavan!
Quisiera poder pararlas de frente,
inflamarles el secreto a la cara:
Espero no molestar deteniendo
sin motivo, al parecer, un instante,
el transcurso de tu luna en mi cielo;
pues que orbitan, se me antojan, distantes,
ahora en rara conjunción, dos errantes,
tu astro ardiente... de mi triste lucero.

***

Porque este ansiar me da vértigo,
es trepar por ramas finas,
querer el fruto en la copa
mirando las altas torres.
Almenas de piedras altas,
almenas que no se inclinan,
admiración hacia arriba
y cuerda floja en los pies.
Voy pisando nubes blancas
sobre tierras soleadas.
Gente: hormigas; pueblos: ristras
de cal viva desde el mar.
Este ansiar de zalameros,

es el cambio que idolatra
desventuras de montañas
y alegrías de bebé...
Hoy, la sombra de una nube
no me deja ver el sol,
ciega los amplios maizales,
limpia con lluvia una casa
de piel morena y junquillos.
Este ansiar que me recuerda
algo importante olvidado,
que es caer constante y claro
de espaldas en esa silla,
silla de entre sueño, susto,
vaivén de columpio en pecho
o bache en la carretera.
Sorpresa, impresión constante,
esa noria sempiterna
que ve luces en la noche
entre risas de hojalata
con la música aterrada.
¡Puentes de mimbre! Hacia abajo
miro... al pensar en nosotros.
Da vueltas la feria, coches
choque, coco, adrenalina
que me rapta un ritmo el alma
retumbando en mí tu son.
Prefiere pensar que no,
que fuiste sólo un fantasma,
esta mente depravada;
y aún así esperan mis ojos
encontrársete en las calles.
Mi corazón flota suave

hasta que atora mi nuez.
Me ahoga el cuerpo y rebosa
amor destilado en boca:
silencio al verte. Silencio.
Porque ya está todo dicho,
porque sé que eres real.

***

florifiesto

Hoy es día excepcional
de fin de mayo en la huerta,
la fiesta de un sol de campo
que se escurre por las cuestas.
El buen tiempo se apodera
de los montes y riberas,
y las calles de la villa
se abarrotan de carretas.
Tan sólo las margaritas
se atreven, calladas, quietas,
a soltar sus lagrimitas
cuando se abren y se cierran.
Ay, mostrad señal de duelo
por las niñas que las siegan
para hacer d' ellas zarcillos,
los collares y sus perlas.
"¡No me cortes, por favor!"
Les gritan a las doncellas,
"¿Para qué queréis que llegue
tan pronto la primavera?"
¡Par' arrancarte, venderte

en el puesto por docenas!
Pero ellas no las oyen,
y piensan que no se expresan,
y, al no expresarse, ¡no sufren!
como así lo hacen las fieras.
Si el puesto es un cementerio,
¿qué será la floristera?
Si son rifles las tijeras,
¿qué serán, pues, las mancebas?

***

sextina de la charca

En gran competición el bello lirio
despuntaba más alto que la rosa,
superando el azul de toda vinca,
un azul más marino que el del agua.
Y en contraste, surgido de la tierra,
lo miraba celoso el mismo nardo.

"¿Quién te has creído tú?" Le habló así el nardo,
blanco como jamás sería el lirio.
"Yo nací de la misma madre tierra,
de más fina fragancia que la rosa;
mis pétalos perfuman este agua
mejor que el azahar y que la vinca."

El lirio lo ignoró pero la vinca
hervía sulfurosa contra el nardo,
y le dijo imprudente: "Sin el agua
del turbio estanque, el lirio no es más lirio

ni habría sido rosa la rosa,
nutriéndose tan sólo de la tierra.

Tú no eres menos, pálido, en la tierra,
menos mal que no huelo, por ser vinca,
tan fuerte como tú o la misma rosa."
Lo oyó todo, ganando en ira, el nardo
contra aquel ostentoso y lindo lirio
que flotaba entre juncos sobre el agua.

Así, exhaló su aliento bajo el agua
con la más ruin ponzoña de la tierra,
matando con su aroma al alto lirio.
Al ver su cuerpo mustio, nuestra vinca
lanzó sus mil zarcillos sobre el nardo
ignorando la treta de la rosa.

Tiempo hacía que en sí la gran rosa
de treinta labios rojos junto al agua,
odiaba visceral al suave nardo,
y a la sombra de un árbol en la tierra
le hablaba con susurros a la vinca
de lo vil que era el nardo con el lirio.

¿Qué podía haber hecho, muerto el lirio,
la vinca ante las púas de la rosa?
Ahora sólo un rosal queda en el agua,
quien lo ahogó por envidia de la tierra.
Ya no queda ni rastro de la vinca,
del lirio, de la rosa... ni del nardo.

***

Mira, Rodrigo, sé qu' estarás dolido
qui ayer negué 'l enquentro que tanto ansiauas,
pero t' he de anunciar hoy lo qu' es deuido:
cessar de regalarnos gozes proiuidos
que yo, infeliz mançeua, in tanto ignoraua.

Mi esposo lo ha sauido y, pues, te sublico,
cuntra todos mis ruegos, qui huyas al alba.
Auandona la villa, mi louo albino,
conserua esta mi prenda, mechón partido
en dos, como mi aliento, mi hogar, mi fama!

À Dios h' encommendado, mi fiel Rodrigo,
este plaçer sufrido, esta triste gracia;
y jamás duidaría en pecar contigo,
y hazerte qui prometas qu' irás ' Alcino,
y qui auardes allí mi pronta llegada.

Yo, mintras, hallaré la forma d' urdirlo,
ya favores, subornos, fraud', enzeladas.
Sigura, en mi dolencia, sé, y me despido,
que si à ti lo qu' iscribo jamás llegara,
harás, de tal desdicha, un bien con tu ispada.

***

Barroco es el fetiche de mi fado,
moderna la obsesión de mis caricias...
neoclásica es la líbido que empuja
mis caderas rozarse con delicia,

a apretar lujuriosas carne y carne,
a deshojar tu piel de miel tulipa,
a alcanzar toda cueva inexplorada
y darle una misión desconocida.
Hay cosas que no puedo, y tú tampoco,
demorar con excusas, con heridas;
¡quién sabe si el azar no es favorable!
pero el tiempo es templado y nos invita
a bailar con los juncos, las libélulas,
a cambiar como el trigo nuestras vidas,
a tomar decisiones arriesgadas,
ganar así tesoros… o la ruina.
¡Tocad, besad, jugad con la inocencia
quemados por un fuego troglodita!
después penad, pensad en vuestros actos
perpetrados con gula y avaricia.
¿Qué puedo hacer, demonio gomorrano?
No puedo resistirme a tus amigas,
me atrapan con sus telas engañosas,
esclavo en su belleza tan dañina.
Tres veces he escapado de sus trampas,
pero aún sus miradas me hipnotizan.
Barroco es el fetiche de mi fado,
al cambiar como el trigo nuestra herida.

***

El rumor de los gorriones…
el cántico espiritual
del agua mansa que corre
bajo un reflejo de calma…

Este jardín de delicias
y yemas de mil bulbillos,
acrecientan mi paz fresca,
una pausa formidable
en su atmósfera templada.
El frufrú de las dos brisas
que se disputan las hojas...
¡El cabeceo divino
de las ramas al flotar!
Las calas rojas sumisas
a mis manos, que las tocan.
Los silencios contenidos
de las gotas al compás...
Advierto varias crisálidas
de bellezas voladoras
que dormitan boca abajo
en su cambio portentoso.
Pasan raudas dos abejas
con zozobra de tambores
en laboriosa humildad.
Que no te amo con violencia...

***

¿Qué hago en esta mañana solitaria
despierto tan temprano ante mis penas?
Mejor quedarme en sueños fantaseando
entre sábanas frescas de ancha paz,
sobre almohadas gigantes de vapor,
en un colchón redondo de plumones...
¿Mejor vencer el miedo y derrotar

el tedio matutino con constancia,
con promesas autistas maleables?
No llores más, bebé, no te preocupes.
Para todo hay respuesta, persevera.
No te canses, prosigue absurdamente.
"Alma perdida busca casa propia".
Compite, sé perfecto ante lo adverso.
Ten dos cojones, lucha sin piedad
con Tigo mismo, brinca de alegría
sin que se note mucho que es fingida.
Pues, aunque te desangres lentamente,
volviéndote un fantasma, saca fuerzas
de flaquezas, despiértate, ¡despierta,
que el día te reclama! ¡Que es de día!

***

Hiciste lo imposible, rescataste
a l' aventura, el peso de mi harina,
y con mano de hierro enderezaste
mi vereda, de luz, en cada esquina.

Derramas adoquines —de azúcar fina-,
cimentando el café que me brindaste,
de cuya espuma brota, repentina,
una risa malvada en su contraste.

Y es que chocan las almas, contrariadas,
por la gracia violenta que las une,
desquiciando la mente, iluminada
del humo macilento que las cubre.

No quiero estar feliz y emparejado,
sino serlo y, con otro, accidentado.

***

Le falta sal al aire; y, algas, al monte.
Les sobran tantas peñas a estos bancales...
Abunda en demasía la tierra seca:
me asfixian las encinas, los olivares.
¡Caudales de aceitunas, dejadme un lado
para tender mis playas, dunas, pinares!
Embalses de bellotas, retroceded,
y al fin dejad qu' el mar me tome, se apiade
de mi pez interior y, otra vez, se agite
de car' ante las olas, las caracolas
me arrastren a su arena, huela el salitre
de camarones, chocos, las anemonas.
Cambiad las chimeneas por sed de barcos,
dadme viñas y sombra, no polvo, asfalto.

***

pistilo contra mazo

¿Himen de barro, dices?
¿Quién te has creído?
Himen de flor abierta
y violeta escarchada
hasta no poder temblar.
Eso es lo que digo.
Yo digo sitar, digo tabla.
¿Tú? Tan sólo dientes,

teléfono, epitafio y sombra.
No sabes hablar
porque no te entiendo.
Yo digo fe, sari, humo
y caricias de pincel
de gatos en la espalda.
¿Tú? Voz sin contorno,
citas, déjà vu y ruptura.
¿Cómo te atreves
a decir lo contrario?
Subversivo no es genial,
no es mejor el de barro
que el de almíbar.
Shiva te odiaría, y el carro
de Kali debe aplastarte.
¿Chubasquero amarillo, dices?
Palíndromo, zócalo de estambres
y pabilos inundan mi cama.
En el tuyo, puntillas y martillos.
¿No te da vergüenza
tener un cuchillo de almohada?
La vela sempiterna cederá
algún día ante la blasfemia
de lo pedante.
¡Libros de soja! ¡Sábanas de cristal!
Esa música descorcha mi mente
en ¡pun!'s de champán.
¿Tú? Dirías cava de acero,
piedra venenosa o sirope de ventanas
que dan al suelo.
Muere tonto, creyendo tu mentira.

Lo subversivo no es genial.
¡Libros de soja! ¡Sábanas de cristal!

***

No puedes ocultar tu buen secreto,
aquél que fue tortura en tu otra infancia;
aquél que cada noche ardía dentro
de tus sueños más lúcidos e intensos
cuyo peso, fantástico, nos sacia.
Evitas exponerte ante los nuestros
y sabes que lo mientan las desgracias.
¡Eres tú mariposa que entre insectos
ni pica, ni es obrera ni devora
al hombre, que es un monstruo ante tu magia!
Golpeaban las mañanas en el pecho.
Se escucha aún el eco en la distancia,
que fue puño de asfalto, o de cemento,
descalzo en los espinos de las horas,
y blanco si faltaba a su constancia.
Y de aquello obtuviste recompensa,
como un toro que rompe con sus cuernos
la barra y sobre el mozo se abalanza
bizarro, ensangrentado y orgulloso
fletando sus misiles con los ojos,
piafándole a la plebe en amenaza.
Le sonríe al odioso de un impacto.
Disecta corazones como un pez.
Quienes le odian, le venden por dos cuartos;
quienes le aman, protegen su honradez.
Y, ¿quién le acompañó en sus malos tragos?
Pero, ¿quién descubrió el azul en él?

No puedes escapar de tu destino:
la marca de sus astas en tu piel.
No puedes ocultar tu buen secreto,
¡comienza a disfrutar ahora de él!

***

Para él soy sólo obsequio
porque, todo, él lo tiene.
¡Para él cosed los cielos
a las costas de Cirene!
Él me aparta de repente
porque no soy presentable,
pues respecto a sus parientes
yo no existo, no soy nadie.
Él me quiere cuando quiere
que yo vaya y le agasaje
(con incienso, mirra, pieles
y el aceite de mi carne).
Con tristeza me despido:
yo en la vida seré 'l otro ,
pues se ve que por su anillo
ya le sobra todo el oro.

¡Oh, querido San Antonio,
por todas las Escrituras!
Estoy harto de este oprobio
de rasgar mis vestiduras
por rufianes cuyo insomnio
lo provocan sus mil dudas:
se arrepienten de su lengua,
se retraen de sus palabras,

y con sólo oír tus quejas
te convencen con sus lágrimas.

¡Oh, querido San Antonio!
Sabes bien por lo que pido:
sensible, fuerte y hermoso,
fácilmente poseído.
Que el cariño de su rostro
(su expresión de ojós de lobo)
pueda verse como un libro
multilingüe, por sentado,
del cual el arte y las ciencias
(con orgullo de su etnia)
sea común vocabulario.
Avispado y divertido,
mas nunca falto de elogio,
y aunque cueste decirlo...
que esté por mí algo loco.
Ingenioso, ingenuo, sano,
de alas libres y viajeras,
cual paloma mensajera
que nunca retorna en vano.
Sin embargo, casto y limpio
(tolerante en raciocinio)
en su alma y corazón;
que no ciña nunca un cíngulo
(sabes bien lo que te digo)
como mística labor;
ni desee ser un niño
(ni ser género invertido)
que le aparte de mi amor;
que me inspir' el fuego henchido

(sin quemarme más qu' el vino)
del que goza en la pasión:
es' extraño estereotipo
(educado y distinguido)
de la esfera de Platón.

Y este solo de guitarra
española me hace daño...
¡Qué difícil encontrar a
aquél que estoy buscando!
Cuando escucho esta canción
algo dentro se retuerce
com' un traidor gusano;
algo dentro me carcome:
los recuerdos de esas noches:
sólo un beso entré sus labios.
Sus notas llegan al alma
por estar tan impregnadas
del perfume del dolor:
un tono suave que araña
las entrañas con su voz.

***

Medea:
Nunca nada ni nadie.
Nadie. Nada. Jamás.
Creusa:
Es muy triste verte a ti
enamorada de él
y a él, a su vez, de mí.
Ya es más que suficiente.

Deja ya de perseguir
tu gran sueño de creer
que lo nuestro tendrá un fin.
Su amor durará siempre.
Él me quiere a mí.
Yo, le quiero a él.
M:
Es penoso verte así,
segura de que él no es
conmigo fiel y feliz,
como cuentas a la gente.
¿Para qué tanto insistir?
Él jamás te ha dado pie,
como dices por ahí,
más vale que despiertes.
No habrá nadie que me robe
lo que es mío por derecho.
¡El que piense que es de noche
cuando el sol alumbra 'l cielo,
ja, perdóname, que implore
a Dios, que no está cuerdo!
Él me quiere a mí.
Es mío.
Yo le quiero a él.
Soy suya.
C:
Oh, disculpa que me asombre,
tengo dudas al respecto:
¿no es robar cuando se coge
un bien sin previo acuerdo?
M:
¡Mira, Creusa, te advierto...!

C:
No quiero hacerte sufrir
pero lo que hiciste ayer…
¡teñir el mar de añil!
Totalmente imprudente.
Fui yo, yo lo conseguí,
y, por ti, siente el desdén
más difícil de elidir:
el serle indiferente.
Él me quiere a mí.
Es mío.
Mío.
Yo le quiero a él.
Soy suya.
Suya.
Yo, soy su invierno de flores;
yo, su otoño de calor;
él, tan sólo oír mi nombre
se estremece d' emoción.
Porque esta llama arde
y en la vida quemará,
¡nunca nada ni nadie!
nos podrá separar.
M:
¡Él no siente amor por ti!
Y estás ciega si no ves
lo qu' es tan evidente:
¡que no te quiere!
¡que NO te quiere!
Aun con carne de marfil
y lo hermosa que eres.

¡Déjanos! ¡Fuera! ¡Vete!
Yo le quiero a él.
Soy suya.
Suya.
Él ME quiere ¡a mí!
Es mío.
¡Mío!
Nunca nada ni nadie.
Nadie. Nada... ¡Jamás!
C:
¡Ja!
M:
Ya que quieres llama...
la tendrás.

***

Huelga decir que viste qué pasaba.
Lo que tú provocaste sin querer
dar crédito a tus actos, tu locura.
Huelga pensar que armaste tu pistola
tomando con maldad su empuñadura.
Huelga negar que heriste de suicidio
mortalmente a tu hombre más dotado.
Huelga afirmar que amaste a tu objetivo
y que te apresuraste a aniquilarlo.
Huelga mentir sabiendo qué pasaba.

***

"cristal roto no pega"

Cayó en la telaraña
de tus ojos venenosos,
pensando al fin que encontraba
salida a sus fantasías
y de un mundo de envidiosos.

En él pusiste ambas manos
de plata caliente y vida,
creyendo que aquel regalo estaba lleno de placeres...
y no de marcas taurinas.

Su esperanza alimentabas
con cien juegos engañosos...
no sabiendo que en su alma
la verdad yacía oculta
con estoques como pozos.

¡Le robaste sus palabras,
calcinaste sus pasiones!
Y ahora vuelves de la nada
con caprichos bajo el brazo
pidiendo que... te perdone.

Perdona, pero disculpa.
No estás bien de la cabeza.
Que impresiones no es mi culpa.
Tampoco mérito tuyo
ni razón de que me tengas.

Impones pero no impides
que hagan contigo lo que haces.
Y que conste que es muy triste
que obtenga tantas propuestas
¡un muñeco y sus disfraces!

En él pusiste ambas manos
con cien juegos engañosos.
Se enredó más bien temprano
y más tarde le salvaron
otros ojos venenosos.

Cayó en tu telaraña
de plata caliente y dura,
no sabiendo que en su alma
la verdad yacía oculta.

***

Asrafel

¿No sientes cómo cada día que pasa
tan larga añoranza y su dolor
se hacen placenteros;
cómo saca, sin pedírselo, esta calma
tan nerviosa en su ira el temor,
lo mejor de dentro?

*Cómo vibra el laúd (corazón)
al echar de menos...
¡Cómo vibra el laúd... (corazón)...
al echar de menos!*

Quisiera decírtelo a la cara,
pero esta distancia entre los dos...
no puedo, no puedo.
Y despertar a tu lado entre las sábanas,
mirarle la cara al mismo sol
y gritar *¡te quiero! ¡te quiero!*

Cómo vibra el laúd (corazón)
al echar de menos...
¡Cómo vibra el laúd... (corazón)...
al echar de menos!

Con el *sinvivir* de encontrar una carta
al girar la llave del buzón,
su tacto entre mis dedos.
¡Qué alegría de sufrir tan delicada
al leer que me amas, amor,
como yo: al completo!
Regresa a mí pronto, por favor,
porque pronto... muero

estando tú tan lejos...

Cómo vibra el laúd (corazón)
al echar de menos...
¡Cómo vibra el laúd... (corazón)...
al echar de menos!

***

Oh, Sol, sal mañana y siempre
en triunfal carro de fuego,

y dispersa cada nube
que me llueve el veintinueve
de este gélido febrero.

Oh, Sol, sal mañana y tiende
fatal celada al invierno,
derrite su nieve y hunde
tu mirada entre sus huestes
de copos, ventisca, hielo.

Oíd, témpanos, calígine:
¡fundíos ante su luz!
Hüid ya, lánguidas sílfides,
emigrad pronto hacia el sur.

Oh, Sol, sal mañana, miénte-
les al lirio, al almendro
y en primavera fingida
aceleren su simiente
el galanto y el cerezo.

Oh, Sol, sal mañana y duerme
entre mis brazos tus sueños,
redonda lujuria, víspera
de baño, espuma caliente,
que es tu mano por mi cuerpo.

***

Dura es mi incertidumbre en estos días...
y mi jaula, dorada, no se queja.
Llueve a mares, a cántaros, vasijas...

los hoteles, vacíos; buses llenos
de historias nebulosas, callejeras.
Pero una me obsesiona... es la mía,
mediocre y repentina, veraniega,
y ahora lleva guantes y bufanda
en las gotas heladas que se cuelan
por su cuello templado y la resfría.
Y mi jaula, dorada, de un solo hombre,
no se queja, me riñe por odiarla.
Su paraguas violeta se trasluce
dejando relucir sus sentimientos,
y sus botas, caladas de impotencia...
no recuerdan el sol, ve sólo nubes
preñadas de cariño y esperpento.
Dicen que no maldiga mi ancha suerte.
Dicen que no reprima mis deseos.
Dicen que tome pausas placenteras,
que no tengan regusto a sal... ni empleo.
Pero esta brecha oscura, incomprensible,
¡sólo en su voz encuentro yo mi asilo!
esta llaga celosa e insondable...
crea, crea, crea para el olvido,
porque hoy sólo la música es amable,
¡sólo puede un concierto ser mi amigo!
Un mensaje reclama mi atención...
No me queda por dar ya nada más.
A todos les reclamo su perdón,
me guardo lo que a todos pude dar.
Llueve a mares, a cántaros, vasijas...
y mi jaula, dorada, no se queja.

***

¡Corazones arriba, es otra estafa!
¡Tu autoestima o la vida, que te rajo!
Mete todo tu amor en esta bolsa,
no se te ocurra dar ni un beso en falso.
Que no quede ni un céntimo en tu pecho,
como actives la alarma ¡te disparo!
No te hagas más el héroe, te lo advierto,
que tengo cuerpo y mente rodeados.

***

segunda edición revisada

Me siento como ese libro
que tú ahora estás leyendo:
anhelando ser leído
y hojeado por tus dedos.

Así todo es más sencillo,
cuando entrego cada verso
al placer de tus oídos
y me calas hasta dentro
sin dejarte ni un resquicio,
y me bebes lo que cuento
porque en mí lo ves escrito.

Así todo es más sencillo,
cuando no se tiene cara
y enamora lo que digo,
y otros libros son portada:
en verdad están vacíos.

Ven, y quédate conmigo.

Porque amar es téner mapa
no teniendo rumbo fijo,
seré claro como el agua
y sincero como un niño.

Ven, y quédate conmigo.

Soy tan sólo un niño,
tan sólo un niño.
¡Un niño solo...!
Deseando ser cogido
(por tus brazos; en tu seno)
y en la manta de tu olvido
serme dado a luz de nuevo.
Ser entonces releído,
(por tus ojos, al completo),
ser tu eterno preferido,
nuevas páginas: reimpreso.

***

De nuevo primavera angelical
un domingo insurrecto por la tarde.
Soplan vida los vientos de guitarra
llenando con su polen cada parque.
Dora el sol las almenas, sombra fresca,
las hojas, tallos tiernos se debaten
entre la gravedad y el blando céfiro
que discurre en silencio por las calles.
La ropa está tendida en sus balcones

realzando los geranios como imanes.
Son banderas de mundos tan privados...
y sin embargo, expuestos... y distantes.
Huele a comida lista en toda mesa
y mientras, canta el gallo en los corrales.
¡Ella estaba en la plaza contemplando
su bodega interior entre dos mares!
Ya no queda el reflejo en esta fuente
de sus cantos de trenza espirituales.
Su rumor se desliza en las semanas...
pues a nadie parece ya importarle.
Dicen unos fue presa de ilusiones
infundadas, mentiras de un amante,
que se lanzó a aquel pozo por despecho,
que se inclinó en el borde un breve instante.
Otros dicen fue ira incontenida
que provocó la envidia y su desastre.
Otros, que estaba en cinta de un bandido;
otros, que estaba loca... de remate.
Escondida en los muros, los cerezos,
se hace clara su pena en todas partes.
¡Qué lástima de niña, tan hermosa
que está presente su alma en los paisajes!
Ya nadie quiere a nadie en aquel pueblo,
su bodega interior entre dos mares,
ya que temen perder algo... más grande.
De nuevo primavera angelical
que discurre en silencio por las calles.

***

carta quemada

Leve fragancia áspera tan suave...
envía mensajes, señales... amor.
Es el lenguaje -que todo mártir sabe-
sin palabras, y sin voz,
y es que ayer,
cuando te fuiste,
languidecí de pena
bajo el yelmo del dolor.

***

Las tardes de otoño viejo, rancio,
la niebla se ceñía como un cinto
por el barrio de Graça y Bairro Alto,
por Sintra y por el Tajo entre los mirlos.
Los lisboetas, lusos, buques anchos,
caminaban, tendían, murmuraban
con lenguas sibilantes sus costumbres...
de paños, verde oporto, gallos rojos...
y fados tremendistas de suicidas.
Las hojas no vestían los árboles.
Las cuestas ascendían a más cuestas.
Los tranvías pasaban renqueantes.
En un callejoncillo de agujeros,
un diez fumaba absorto en una puerta.
Coches, buses... llegaban por sus puentes
a estaciones con palmas elevadas.
Pero eso fue en un tiempo y de noviembre
no quedan ya más hojas en sus árboles.
Las cuestas ya no dan hacia otras cuestas.

No pasan ya tranvías renqueantes,
¡que ya es región de España tras la guerra!
Esta tarde de otoño viejo, rancio,
¡se impone el español en toda Iberia!
Ojalá me despierte en tan gloriosa
venganza expansionista y halagüeña.

***

Se acabó la lavanda. Y la canela
en rama, con sus clavos y espinas.
Llegaron los perfumes de diseño.
Les toca el turno al pino y la vainilla.
Se despiden Lisboa, y también Córdoba.
¡No pienso soportarlas mientras viva!
Se presenta otro sol en oro puro,
desde el Ponto a Panórama en su huida,
se abrazan el amor y la distancia,
resurge la razón de sus cenizas
volviéndose en su juego apasionada,
reclama madurez la juventud,
y aquélla, peripecias infinitas.
Se acabó la lavanda. Y la canela.
No más pensar en odios ni desgracias.
Son los recuerdos dúctiles, maleables;
¡la fe lo puede todo... en su mezquita!

***

a Larissa II

No ha sido aún por nadie descubierto
un viejo mal que afecta a las personas,
que inoportuno asoma
dejando heridos muertos.

Con síntomas comienza de contento,
esta enfermedad harto contagiosa.
Prosigue con llantoboca,
doblando el vientre huesos.

Proferir no se pueden las palabras.
Al tiempo, laxa opera en la vejiga
y compungela cara.

Con frenéticas carcajadas,
los pulmones, irritan.
Se trata de la risa,
¿o qué pensabas!

***

Ay, las cosas en mayo son coherentes:
el sol calienta y brilla sin quemar,
la brisa es refrescante como el cielo,
los árboles son verdes esmeralda,
vuelan pájaros, cantan por la lluvia
agradecidos, rápidos, los parques
están llenos de gente entre las rosas.
Funciona todo en paz, en concordancia.
No importan los inviernos interiores

ni las ventiscas gélidas de antaño.
Dios hizo esta estación para que viéramos
que gracias a un bocado suculento
conocemos el frío y la maldad.
Sin embargo, no cabe en la cabeza
que estando Adán con Eva en sus jardines
(siendo mayo tan lindo en sus confines)
no quisieran los dos allí pecar.

* * *

Este dolor es físico, de veras.
Tengo un globo de plomo en la cabeza
a punto de estallar con maldiciones.
Tengo un nudo en el cuello que me exprime
las gotas de alegría que me quedan.
Tengo un espejo ingrato que maldice
mis pasiones oscuras con desprecio.
Tengo dos manos ínfimas y pálidas
que se mojan de angustia ante otras manos.
Tengo dos ojos álgidos, cansados
del sol, de las tinieblas... las visiones.

Este dolor es psíquico, de veras,
pues me clava una daga en el costado
provocando hemorragias de una sangre
que siento arder tan íntima en mi pecho.
Que este es un país libre, porque es tierra
de oportunidades, o eso dicen,
sin que nadie nos mande ni sugiera:
salida de emergencia.
Ver envase.

Cuidado con el perro. Ceda el paso.
Atención al cliente. Llame ahora.
Agua NO potable.
Prohibido fumar.
No pisar el césped.
Sólo personal.
Beba Cocacola.
Cortar por aquí.
No crucen las vías.
Sólo residentes.
Ejemplar gratuito,
prohibida su venta.
No recomendado.
Horario de visitas. Inflamable.
Chaleco salvavidas. Nota Bene.
Consulte al farmacéutico al alcance
de los niños debajo de su asiento.
Consumir preferentemente… solo.

Este dolor es mágico, de veras,
con todos los derechos reservados.
No introducir el pie, tenga cuidado,
entre coche y andén, sus pertenencias
vigiladas en toda estación curva.
Acuda urgentemente a puerta número…
69D, de uso frecuente.
¡Este dolor es hoja de guadaña!
Lavar en seco, agite antes de abrir
y mirar el prospecto hecho en España.
Que este es un país libre, porque es tierra
con todos los derechos reservados.
No crucen las vías.

No pisar el césped.
Jódanse. De veras.

***

Mi amor
está de luto.
De luto por él mismo,
murió esta noche.
Señor, qué grave insulto.
Llamarme consentido
fue como un revólver
que cargases de fiestas,
risas, besos;
apretaste el gatillo:
¡hecatombe de perros!
Y a boca de jarro
dejaste tu flor
sin agua.

¡Bang! se oyó en el barrio.
¡Bang! se oyó en Australia.
¡Bang! hizo el disparo
aquí justito en mi garganta.

Jamás serás el mismo
después de pólvoras mojadas.
Jamás pensaste que ese tiro
te saldría por la culata.

Tu crimen, fallido,
como tigre de bengala:

mucha luz, mucho ruido
y al final, en una jaula.

Mi amor...
está de luto.
De luto por él mismo.
Murió esta noche.
Señor, ¡qué grave insulto!
Una ataque desvestido,
sin armas ni uniformes.
Oh, ¡civiles que diezman
al ejército!
¡A matar enemigos,
que cada vez son menos!
Y al quemar tu ropa
dejaste mi alcoba
sin mantas.

¡Bang! se oyó en el patio.
¡Bang! se oyó en la plaza.
¡Bang! hizo el disparo
aquí, justito en mi garganta.

El ¡bang! fue de fogueo.
(El ¡bang! llegó hasta el puerto)
El ¡bang! fue de una bala
de rosas y granadas...

Pero es que aún no me creo...
...que diera en la diana.

***

Oh, noche, no presentes damas corvas,
¡sueltas lobos bronceados con *alcol*!
¡Música, que amordazas y me cortas
con sables esta rabia en tu tambor!
Se enciende, hundido, el hielo en nuestra copa;
flota al ritmo del club un dios-neón.
¡Mendigos somos todos, pues no importa,
en lo oscuro, pedir besos y amor!
¿Qué fue del ideal de los cantantes,
los cuentos que proclaman de Cupido?
¿No entiendes que es de mí el peor elogio?
Te confundí durante unos instantes.
Perdona, sólo fue un malentendido
lo que pensé al cruzarse nuestros ojos.

***

¡Pájaro azul de mis noches,
podría ser yo también...
fuerte cachorro precoz
de humano que no imagina,
sapiens que no se pregunta
por trascender la carne
pareja!

Y la roza,
no se da cuenta.
Y la toca,
y no la aprecia.
¡Inconsciencïa
desvergonzada!
¡Si yo lo hiciera!

¡Pájaro azul de mis noches,
lo soy, no tuve que ser,
mármol maldito de amor
insensato que dé envidia
a este otro yo, que se consuma
en su propio verde, sangre
enferma!

Y la roza,
no se da cuenta.
Y la toca,
y no la aprecia.
¡Inconscienciä
desvergonzada!
¡Si yo lo hiciera!

***

Varón, que despedazas con tus ojos
(de cordero carnívoro, enzarzados
dos dragones gemelos en su nido)
las promesas de amor a la ligera.
¡Vertió una diosa altiva un don hiriente
sobre tu cuna de ámbar maltratado!
Varón, sexo de azúcar talentosa,
de sándalo tu carne tersa y noble.
Varón, de manos íntimas, violentas
de artista de caricias pinceladas.
Dedos, delicias turcas sarracenas
en los labios, la curva más sensual:
cojines de ternura tan eléctrica
entretejidos

sabiamente en ti,
varón de leche trezna.

*****

Dime, luna, ¿qué ves desde allí arriba?
¿Qué sientes sin sentir ni lo que piensas,
ni pensar lo que sientes ni estar viva?
Me dieron a mí un alma, ahora cautiva.
¿La quieres, tú, amiga? No compensa
la alegría que fue lo que ahora priva,
ni la dicha de amar, su pena inmensa.
Dime, luna, ¿qué ves desde allí arriba?
¿Me ves llorar en mi íntima despensa
cargado de amargor y sed lasciva?
¡Qué regalos aún sin recompensa
solía yo entregar por donde iba!
Me dieron a mí un alma, ahora cautiva,
que se hace cada instante más propensa
a una muerte más dulce y primitiva,
a una pausa constante igual de intensa.

*****

¡Estoy harto de los bellos!
Me he cansado de sus quejas,
de abombar su henchido ego
confirmando y desmintiendo
con palabras lisonjeras.

Nunca. Nunca están contentos
con tener tal apariencia.

No les basta con dinero,
con salud, discernimiento
ni saber sabrosa ciencia:

también quieren que los quieran.

¡Ja! ¿Qué le parece a usted?

Pudiendo chascar los dedos,
¡tener a sus pies cualquiera!
¿Por qué Dios los vuelve ciegos
e insensibles a los besos
del espejo que los muestra?

Lo más curioso de ellos:
sus preguntas tan "ingenuas"
al dejarnos por plebeyos
al creer que somos necios
mientras todos conocemos
su hermosura hasta la médula.

Ya no puedo con los bellos,
mi respuesta está resuelta:
"Comodoés amar por dentro
cuando se's así por fuera".

***

Me enfrento estando solo y solitario
a una tormenta roja de emociones.
Ella se peina. Canta. Se adormece
en su lecho de arena y algodones.

A mí los alacranes me fustigan,
siempre queda la duda de si oirán
mi voz gritando muda en mi garganta,
quebrada de dolor y doblegada
a una rabia incesante que la mina.
Dime, luna, ¿qué ves desde ahí arriba?
No estoy tan preparado para el mundo.
No debe ser venganza lo que pida.
Tampoco una respuesta convincente:
estoy dispuesto a ser feliz sin precio,
sin prisas, sin zapatos, sin pendientes,
como una danza cósmica la luna,
sin pausa, sin molestias ni irrupciones.
Girando solitaria e indolente,
y brillando narcótica, opiácea,
sonriendo en su autarquía más creciente,
muy serena y constante en su intensión,
liberta de pasiones. Observando.

A mí, los alacranes me fustigan.
Ella… se peina. Canta. Se adormece.
Está dispuesta a ser feliz sin precio.
Veraniega. Otoñal. Atemporal.
Contempla las semanas, las centurias…
Nunca se justifica, ¡tan redonda!
en su cárcel de amor y noche oscura
paseando sin pudor semidesnuda
por su palacio en ruinas, derribado.
Cicatrices, su cara, cicatrices.
Historia accidentada, se repite.
Ya no duelen, no escuecen en su rostro
porque brilla narcótica, extasiada.

Ella se peina. Canta. Se adormece.
Está dispuesta a ser feliz... sin precio.
¿Estoy dispuesto yo?

***

Buenos días, mi amor.
Ojalá estuviera en tu cueva,
los dos bajo las sábanas
(limpias y frescas)
con sueño, pero emocionados,
después de una noche
de fiesta.
¿Qué puedo hacer, mi vida?
¿Te compro un parador,
o un cortijo
de hiedra?
¿Te alquilo un solar en el sol
con mil viñedos
de estrellas?
Sólo quiero una cueva
blanca de tierra en el campo,
almas silvestres de vida
entre cientos de higueras
brincando,
bramando,
brillando.
Tus ojos: ¡las garras del verde!
Tu pelo: ¡el único negro!
Tu piel: madera de sándalo
que prende en la aurora de tu ombligo,
¡mi origen de todo!

¡marca de mi vida!
¡lluvia en el pozo
de un agua insondable!
Coge las rosas, no tengas piedad,
ellas nos hacen útiles:
apreciamos, valoramos,
tenemos en cuenta.
¡Somos la medida del mundo!

***

No hay imagen más viva del deseo,
no hay gula ni delicia placentera
que compararse pueda con requiebros,
que ante ti no se postre como nada.
Te envidia el chocolate por tu lengua,
y el sabor de tus senos, toda madre.
Tus miradas revelan lo divino,
¡anuncian profecías magistrales!
En tus manos albergas todo sueño,
fantasías carnales de derrotas,
el rechazo más limpio y predecible,
¡tres llantos de maletas maliciosas...!
Tendría que escapar de tus encantos,
tendría que ser fuerte y maldecirte,
y no dejarme hundir por tu progenie,
que algún defecto habrá en buen escondite,
que un día se dará en que yo lo encuentre,
que si alguien hay perfecto, dios no existe,
pues no puede un mortal vivir tal suerte.

***

No para de llover la soledad.
El cielo está más pardo que de noche.
Febrero. Carnavales apocriáticos.
Quisiera ser horrible antes tus ojos
como una de esas máscaras paganas.
¡Qué tedio! ¡Qué tensión! ¡Qué certidumbre!
Que vienes esta tarde a complacerme,
a entrar en mi castillo de marfil,
y quizás te abandone antes las puertas.

***

Eco

Por el lago muero,
por el lago vivo.
A su borde bebo
amores malignos.

Por la charca muero,
por la charca vivo.
La muerte y su espectro
al verme a mí mismo.

Por el agua muero,
por el agua vivo.
Él quiere mis besos,
y por él me inclino.

Por el río muero,
por él río, vivo,

y aún se oye el *eco*
que grita… (¡Narciso!)

***

Hoy he encontrado un sitio
fresco en mi soledad.
Estaría aquí siempre.
Siempre preguntándome
por qué pienso más alto
cuanto más silencio hay
-haciendo el silencio insostenible.
Por qué menos sed y hambre
cuando la carencia es infinita.

A veces me pregunto
por qué cuanto más vacuo
aún más pesa mi pecho,
y si es sólo capricho,
¿por qué no mudo en mi parecer?

Si soy más vulnerable
teniendo un punto débil,
¿por qué quiero tenerte?
Y, cuando te consiga,
no querré más nada,
¡qué pobre habré de ser!

No iré a vivir así,
soledad estridente
de rumor de agua
y pájaros,

brisa esplendente
sin la llave del jardín,
sin hacer que entres,
sin poder salir.

Hoy he encontrado un sitio,
fresco en mi soledad.
Y no lo compartiré,
no sin ...

***

Y bueno, aún parezco ser el de antes
y aprendo sobre mí mismo y el mundo,
sobre gente que tiene como meta
conseguir un gran miembro grueso y duro
y yo sólo pretendo abrazar besos,
ellos quieren dinero; yo, una muestra
de amor sin intereses, sin impuestos,
porque ellos son turistas; yo un viajero;
porque hacen lo que ven; yo lo que pienso,
porque toman pidiendo, mas sin dar,
porque hablan conociendo sin pasión,
porque ellos se apasionan sin saber,
porque miden con metro que es ajeno,
porque su sed ingrata no se sacia,
porque ambicionan dioses de plebeyos,
porque eres su tesoro o su juguete,
porque eres su alegría o su condena,
porque esperas sin prisa y luego ceden,
porque anhelas historias que no llegan,
porque apenas si cumplen y prometen,

porque el amor no existe o da pereza,
porque dicen que sienten y no sienten...
y, bueno, aún parezco ser el de antes
y aprendo sobre mí mismo y el mundo
porque ellos son bromistas; yo soy serio,
porque piden lo que ven; yo lo que quiero.

***

La bañera: mi ataúd.
El agua, los mil gusanos;
la espuma es la sangre
muerta en coagulando,
y el vapor -no es más que vida
que se escapa con espanto-.

¿El vapor? Es calor
de muerto en apagando.
¿La vela? Es la vela...
velando en vano.

Ya no dudo, ¿esa música,
tan fuerte? Será seguro
esa marcha, Chopin,
del baño, la muerte.

Está oscuro,
es la tierra
absorbente,
que clama tributo.
¡Y esta toalla ha de ser

sudario de peste,
lápida sin número!

Fosa común
de esquela inexistente,
vacía según
el baño, la muerte:

la nada,
seguro.

***

(Sístole)
Citerea melífera
se pasea
so caídas glicinias
de Eritrea,
resplandecientes, lilas
y violetas,
como gajos, pendidas
de la pérgola.
Y al mecerse en la brisa...
¡Primavera!
Se oye el eco de ninfas
en riberas,
que retozan altivas
y ligeras,
derrochando delicias
de ninfeas
y tapando a la vista
gasa, sedas

esas partes tan íntimas...
suculentas.
¡Oh, manjar de ambrosía:
vino y peras!
Se distingue una risa,
la más bella.
Entre todas es diva,
es su reina:
¡es la Venus Afrodita,
Citerea!
Coronada de Spica,
más estrellas
del Triángulo, Lira
con su Vega,
tan azul hipsipila,
filomena
que recita poesía,
en la huerta,
una rosa amarilla
y risueña
que entre mirtos me miran
sus traviesas
y profundas pupilas
de princesa,
con un alma felina
y trigueña.
¡Soy tu presa furtiva
e indefensa!
que padece una herida
de saeta
y la lame escondida
a la espera

en un lecho de mirra
y de yerbas
a que vengas a asirla,
¡Citerea!
A que vengas a asirla.

La belleza es placentera,
pero la tuya me duele.
¡Duele tanto al no ser mía
siendo injusta quien la tiene!

Tu hermosura tiene efedra,
excitante claro y leve.
¡Quién tuviera tanta dicha
de ser siempre quien la pruebe!

(Diástole)
Es tu carne promiscua
la que lleva
a estallar en mí, ¡Cipria
tan certera!,
ramilletes de henchida,
grata hortensia
y mil áureas semillas
que recuerdan
a aguijones de avispas
o de abejas
con tan sólo sentirla,
tu presencia.
Inquietante y sencilla
es mi pena,
es jazmín, manzanita

de la Hesperia.
Sustentada agonía
tan secreta.
Nota queda y muy fina...
pero eterna,
que las Piérides mismas
bien quisieran
concebir en sus cítaras
tragomedias...
De mejillas rojizas
por la fiesta,
esparciendo la vida
a la griega,
que es muy húmeda y rica
azalea
pues es mágica arpista
que mis cuerdas
con sus yemas malditas
rasga experta
en mi vientre, que grita:
¡Citerea!

Porque mi musa no es musa
ni desciende en la Memoria,
es el vástago mortal
del lirismo de las rosas.

Es la fruta de las frutas,
el orgullo de Pomona,
cuyo nombre es la maldad
que condena a quien la nombra.

***

¿Yo? Yo soy ese tú de tus poesías,
y yo soy ese libro que leíste,
soy ese talismán que un día tuviste
y que al nadar perdías.
Yo soy aquél que fuiste,
y a quien tú le escribías
cartas de amor y quiste
de celos que encubrías.
¿Yo? Yo soy esa noche en la que olías,
dama de tarde, flores tan tardías;
fui el beso que te diste
en mis mejillas frías,
ese prado de brezo que se viste
de granadas sombrías.
¿Tú? Tú eres mi Mesías,
el único profeta que persiste
en jurarme lavar (todos los días)
el cielo que me embiste
con sus hembras cabrías;
el único hechicero que resiste
al cemento, al clamor de mis jaurías.
¿Tú? Has traído contento, sonreíste
al ver que me querías.
Varas de incienso y plata me trajiste,
arconcitos de nácar, lacerías
que en tan lejanas tierras descubriste,
que en tan extrañas piedras esculpías.

***

Espero que estés ya listo
para salir esta noche:

estarán nuestros amigos,
nos esperan emociones,
y además abrén un sitio
que se llama Carpe Noctem.

Saldremos hasta las tantas,
y en la pista habrá aquelarre:
todos con todos bailan
rozando carne con carne.
Así que ponte de gala…
no será esta vez en balde.

Ponte, sí aquellá camisa
y el mejor de tus perfumes,
y domina con gomina
tus grandes, negros bucles.
¡Recuerda que sin sonrisa
eres un faro sin luces!

Los exámenes: historia.
Tus problemas: ya no existen.
¡Verás que será la gloria!
¡Que la luna nos elige!
Pensarás que es una broma
pero escucha lo que dice:

"Espero que estés ya listo
para salir esta noche.
Irá a subyugarte el ritmo,
irás a sudar licores.
¡Que esta noche ligas, hijo,
porque esta noche es la noche!

Pondré en tu mirada el brillo
de dos luceros ardientes,
serás de mi raza un íncubo
de piel morena y caliente.
Alquílame tu alma, niño,
y haré de tus días viernes."

¿Le digo que sí a la Luna?
¿Me fío de la serpiente?
¿Le dejo morder mi fruta
de tango, sangre y claveles?
Su flecha a mi pecho apunta:
las doce en punto de un viernes.

De tontos decir que no.
De incauto aceptar la oferta.
¿Sucumbo a la tentación?
¿Me rindo a ignorar la senda?
¡Espero que estés ya listo
para salir esta noche!

***

qué ganas de llorar en esta tarde gris
El amor me ensordece.
Todo dice *¡cuidado!*
pero oigo su música
más fuerte que sus voces.
El virus de la psique
otorga a un par de músculos
un mito inadecuado,
lo contrario del sol.

¡Germen de saciedad!
Semilla sin semillas,
tan sólo de raíces
que quiebran las roquedas.
De esperanza se nutre,
de los diques de mar;
encuentra adversidades
y se ausentan las dudas.
Mi diamante angular,
esa pieza que faltaba
de un puzzle incomprendido,
última pincelada
del cuadro del autor.
¡Tus ojos me contagian
de una necesidad
con la que no soñé!
¡Qué ingenuo he sido siempre!
Desafié al amor,
yo, un sencillo mortal,
con un inocuo poema.
¿Quién me hubiera advertido
de tales consecuencias?
¡Que caería una estrella
fluorescente en mi cama!
¡Que lo que fue traición...
(un beso a la nocturna)
fue mayor coincidencia!
Me volcaste el Caribe
con ojos rutilantes.
Me lanzaste invectivas
de *ese* ron salpicadas.
Tu existencia es mi credo

de estival sinfonía;
tu mirada, mi fe,
que arrastra la marea;
tu pasado, mi infierno
por no haberlo vivido.
Es tu cuerpo ese puerto
en que espero atracar,
aunque la incertidumbre
se amotine en mi barca.
Me miras y me fundo
como queso en un horno,
mantequilla a la plancha.
¡Me fríe el corazón
el hierro de tu marca!
Tus besos dan sazón
a toda tarde gris,
aroma de amarilis
a mi espera en tu falta:
que mi dicha no alcanza,
que mi dicha no alcanza,
que mi dicha no alcanza...

***

No, no era el fin. He vuelto a la ciudad.
Me ha acogido como a un niño
que en la foresta
por el río, al través,
subiese a su barca, Sidhe, féerica Sidhe...

¿Dónde has dejado el montecito
de campánulas, césped engañoso,

pixie de mi amor?
Travesuras miles, robaste mis tartas
de cereza, de arándanos,
canela y ron;
moras que dejaba en el alféizar
cada sábado,
y aquél señor
pastel de carne...
nunca te perdoné.
¡Qué difícil darte venganza!
Estos mis ojos... ¡no te ven!

Porque cuenta
la leyenda
que estando Eva lavando
en el río a sus hijos,
le habló Yahvé y, de un brinco,
ocultó a los aún manchados.
Viendo afrenta
tan horrenda,
rogóle muy airado
dijera si esos niños
-brillantes de tan limpios-
eran s'único legado.

Con su lengua
deshonesta
no dudó en afirmarlo,
y al género escondido
Él por siempre maldijo
y ocultólo al ojo humano.

Por eso no te veo.
Estás verde de envidia,
por eso me haces daño.

¿Mataste tú al unicornio?
¿Acaso osaste abrir
la puertecica del roble
en la colina hueca?
¿Molestar a los humanos,
Sidhe, feérica,
de fuego fatuo
y corderos sonrientes,
blancos en la linde del camino?
O'Donoghue, qué tiempos aquellos
de sirenas y tritones,
de las tres tristes condiciones
de la gente menuda.
¡"Ellos mismos",
venid a mí y bendecidme
con el permiso del saúco,
libradme de la dama
de esos pasos nocturnos
que paran en mi puerta,
del penar de plañideras
en corrientes sangrientas,
la desventura del molino,
los montículos de espino,
el sudar bajo las sábanas
en la completa ignorancia,
oscuridad
y el pitido del ansia
de alboradas!

¡Luz de dulce exterminio!
Sabed que la prímula
no vendrá a por vos tan pronto
y que la escarcha, el rocío, es huella de hada.
Cardiaca digital,
moteada púrpura de sus leves pasos,
¡usáis de gorro nuestros dedales,
hacéis casa de troncos y vestidos de hojaldre!
Tañe el arpa, tú, Eire, y el bodhrán,
¡aquelarre!
que otros templen el laúd y la cítara,
pero tañe,
tañe el arpa; y el bodhrán,
y que el espíritu celta, libro de Kells,
no muera jamás
bajo tu son.
Buenas noches,
Tintagel.
Buenas noches,
Avalón.

***

Recuerdo, no, mejor, imagino
aquella noche, no, fue el ombligo
del cielo: la luna; no, fue el ojo:
el sol. No, las pecas:
estrellas, planetas; y pienso
que pienso en ellos
porque tu cara los acerca.
Tu cara parece que es,
no, es lo que parece:

la única que puede
llevarme a un placer
sólo al tacto reservado.
Cuando la pierda
de vista no sabré
que hay otras más
en el mundo pululando.
Tu cara es de esas caras
de recuerdo retroactivo:
sólo queda ella, el resto
jamás han existido.
Jamás han existido.
¿A quién estás leyendo?
Pessoa, no, George Sand.
¿Vamos al concierto,
a Marruecos, al bar?
¡Al congreso de Bizancio!
¿Tú me hablas de etiquetas?
No pueden clasificarte,
los confundes y se irritan.
¿Me imaginas definirte
en tan siquiera una frase?
¡Qué triste! ¡Bichos raros!
¿Saben aljamiado?
Di clases de sefardí,
chi kung, tai chi,
escritura lineal B.
Pero otras caras se irán,
tú, para ti, poetisa.
Y así otras nuevas vendrán
a morirse en tu risa.
Ojalá supiera qué hacer

cuando te hayas ido.
Escritura lineal B,
recuerdo, no, imagino.
Tu cara es de esas caras
de recuerdo retroactivo.

****

Es profunda madrugada.
Me río de la ciudad,
me escapé a la playa
en arrebato suntuoso.
Aquí el mundo
es más completo,
aquí el planeta
es más redondo.
Mi vida, descalza…
se vierte en remojo.
Flota gélida y serena…
la miran los locos.

Veo el faro en la distancia
de mi barca naufragada
por la luna que riela,
que riela en la cala.
El oscuro mar en calma
reconoce mis entrañas
de medusas en la arena,
de arena diminuta.
Porque esta noche es igual
que aquella en que gozamos
(tú menos, yo más)

de nuestras quejas.
¡Sólo puedo llorar,
hacer al mar más salado,
desear que no amanezca!
Ay, me temo enfermar,
visiones de tu abrazo
de mí se vengan
las estrellas.

Sólo quiero llorar.
Daría mi todo por pasar una noche más contigo.

***

Hoy se ducha un perezoso
que adora tu fresca almohada.
¿Por qué duerme un mentiroso
en tu lado de mi cama?
Soñador de los más nobles
con la fuerza de una hormiga,
¿por qué rompes las promesas
que nunca pido que digas?
Ay, que este ladrón se lleve
al que entró por la ventana,
se lleve también los muebles
que tocó mientras le amaba.
Que el frío que trae diciembre
pone la piel de gallina,
y no tengo provisiones
para el mal que se avecina.
¿Podré salvar el obstáculo

de otro amor que se me escapa?
¿Podré digerir el miedo
que a las ocho me destapa?
¿Mis días serán cuchillos
de hambre yerma y disciplina?
¿Cumpliré con mi objetivo
mientras lamo mis heridas?
¡Clavaré una espada al frío
cuando venga por mi espalda,
profiriéndole a los ojos
con el alma aún descalza
que mi vida no es estanque
para helarse por arriba,
sino que es un mar pulsante
repleto de luz salina,
que no sirve ante la sal
de mi llanto su amenaza,
que me armé al fin de valor
contra su nieve en mis plazas!
Soñador de los más nobles
con la fuerza de una hormiga,
¿por qué rompes las promesas
que nunca pido que digas?

***

y me preguntaba cómo
tan pura esencia de amor
se encerraba en tal perfume,
y tal perfume en tal frasco
de Bohemia y agua dura,
cristal de perlas dulces;

cómo un tarro tan precioso
me daba el poder de hacer
lo que nunca antes pude:
hacer que mi amor me amara,
hacer que mi amor me diera
lo que nunca antes tuve.

"Pero del agua dormida…
desconfía, viejo amigo,
ya te guste o no te guste.
Pues su olor provoca efectos
amorosos *engañinos*,
no depende d'él que dure."

-"¡Sin embargo, con su ayuda,
dicho aroma prende en chispas
de ternura que refluye,
realza el aura sobre el karma
carmesí de cachemira…"
-"Que no es más que una mentira."
-"…y lo lanza entre las nubes!"

-"¡Oh!, ¿cuándo irás a aprender?"
Exclamó el gran perfumista
muy sentado ante la lumbre.
"Conoces sartas de hechizos,
tantos filtros y brebajes,
y, *sin embargo*, confundes

el amor con tu obsesión,
tu obsesión con egoísmo

sin pensar lo que destruyes,
pues privas de libertad
a ese ser que tanto *amas*,
para ti, de todo, el culmen.

¿Por qué entonces que sufra,
hacer del amado esclavo
al imponerle servidumbre?
¡No te amará de por sí
sino siempre dependiendo
del encanto del perfume!"

-"Es tan sólo un complemento,
uno básico que ayuda,
¡oh, mi gran maestro ilustre!,
a saciar mi sed ansiada
de lascivia, de venganza
ya arraigada en mi costumbre.

Que se queje al mismo duce:
ya le guste o no le guste...
le tendrá que gustar."

***

Alegras tanto la vista
maltratando al corazón
que mi pecho siente envidia
malsana de estos dos.
De estos dos ojos que tengo,
que son tú por ser amor

este agrio sentimiento
de tan dulce visión.

***

Por la ventana a la blanda cama
derrama el ábrego campanas:
diez alaridos de horror.
¡Vos, mañana! Decidme a la cara
si la alondra nefasta canta
o es el noble ruiseñor.
No puedo estar despierto, dios, ¡rabia!
Contad, mis alondras, sin falta
si es que estuvo aquí o no.
Oh, cortina, de caricias blancas,
cual culebra que ondea en agua
bajo encajes de tesón,
haz gruesa tu tela, ¡dulce tapia!
y sorda ante la luz, opaca,
no permitas que entre el sol...
Pues no presta consejo la almohada,
quitóme el plomo en la mirada
y me dijo: A - SÚ - ME - LO.

Y es que ¡ay! Ya nada invita al día.
El cierzo de esta noche... ¡impía!
me quiebra en hielos por dentro.
¿Cómo te me apareces, sí, fraude,
con el espectro más deseable
de un afecto que no fue,
para luego ¡tan brusco! expulsarme
de otra vida mejor que ideaste

en tu muy fingido Edén?
Funesto destierro irreversible,
allí, *dov'il sogno finisce*,
para nunca continuar.
¡Manos exploradoras, decidme!
¿A quién tocasteis, mentes simples,
en esta noche estival?
¿A quién pensáis, hoy noche,
de nuevo, tocar?
¡No volverá!
Por mucho que dure un sueño,
por mucho que ponga empeño,
siempre será en vano
si no quiere en realidad
para hacer carne un fantasma
que aquí, en medio, en la nostalgia,
tocó mi carne marrón.
Carne sola en desperdicio,
harta en espera, en pausa,
pidiendo el valor perdido
que otra carne le entregó.
Mal destierro irreversible...
ay, *dov'il sogno finisce:*
¡A - SÚ - ME - LO!

***

De Tesalónica a Festo
y desde Corfú hasta Rodas
no hay un guerrero tan diestro
en el arte de la alcoba.
¡Cuántos debieron morir

despeñados en Esparta
para ser tú el adalid
que lidere sus batallas!
No por ello eres perfecto
aun viniendo de una diosa:
segundas nupcias sin velo,
¡qué vergüenza, Macedonia!
Por ti, maldigo a Atenas
a caer bajo mi espada,
que sucumba toda Grecia
y se humille como esclava.
Para ti soy sólo obsequio
porque, todo, tú lo tienes.
¡Para ti cosed los cielos
a las costas de Cirene!

Él te aparta de repente
porque no eres presentable,
pues respecto a sus parientes
tú no existes, no eres nadie.

Él te quiere cuando quiere
que tú vayas, le agasajes
con incienso, mirra, pieles
y el aceite de tu carne.

Vamos ya, dile que no,
que no vas a darle el pecho
a esos nietos de sus padres,

que tú naciste bactriana,
princesa de Asia, Roxana,
y no compartes su sable.

Regresa hoy a tu tierra,
al lugar donde naciste,
quebranta las cadenas
del gran tálamo de Circe.

A sus playas desiertas
tan hermosas como simples:
agua, cielo y arena
gobernados por un príncipe.

¡Vuelve a Ítaca!
¡Vuelve a Ítaca, Ulises!

Superadas las pruebas,
Calipso te hace libre,
todo un pueblo de fiesta
se engalana ante su líder.

Y Roxana, recuerda:

¡aquél que escupe al cielo
misma ofensa recibe!

***

Sobre tu toro blanco, orgullosa,
de tu acertado rapto, libanesa,
tantas culturas nobles y diversas,

en un frasco tan mínimo hacinadas.
Tantos idiomas cultos, literarios,
que iluminan ciudades como gemas...
Tantas naciones vivas, ancestrales,
latiendo aún con fuerza en tus almenas...
Tanta estrella amarilla en fondo azul
como constelación junta y plural:
¡hay tanto que aprender de ti, Europa,
de tus lagos, montañas y tus vientos!
No te trató muy bien tu extensa historia,
mas...
tus islas no serán ya de otros puertos
envidiosos de tierra santa o turca,
afanosos por dar vida a sus muertos.

¡Qué tesoros hundidos en tus mares,
cuántos reinos, repúblicas depuestos
por cachos, tus parcelas... estatales!
¡Cuán crudos y apacibles tus inviernos,
cuán suaves, de canícula, estivales
otoños nemorosos en tu pecho!

Europa, mi aliada, mi cobijo,
mujer contradictoria y azarosa,
si bien hallo en tu seno mi escondrijo
que es mi leche, materna, deliciosa.

***

Oh, Dios, ¡qué día fastuoso!
Duelen los ojos a un sol
que las carnes recalienta

en párpados azules...
Revientan las mil bardanas
bajo un cielo de zafiro,
regresan las aves altas,
mil libélulas refulgen.
Al pueblo y' han pisado
los pies de dos veranos,
pero es día entre semana,
los padres están sin hijos,
las casas no tienen niños,
todos fueron a la escuela,
y allí, tras muros, cancelas,
irán a ignorar al sol,
el río y las mil bardanas,
placeres de la hierba
en la hora de la siesta;
y repican las cigarras
ant' el sopor de los libros
que zumba en sus cabezas.
"¡Ben! Marchémonos, ahora,
no aguanto más al maestro.
Y fíjate el día que hace,
¡hagamos de piratas!"
Le dijo así Tom a Ben,
el vengador de la Armada,
y, sin miedo, se fugaron
a su isla con la barca;
con recelo, imaginaron
una historia entre las carpas.
Estando llenos los valles
de alamedas y sus tilos
de almohadas rotas y plumas

que revuelan los vilanos…
Todos huelen al verano:
llega desde la pradera
con espigas, gruesas pomas
y un aroma a miel y mayo.

***

Tanto el odio como el amor
duelen.
Tanto la luz como la oscuridad
ciegan,
y el invierno, el verano
hieren:
tanto el frío como el calor
queman.
¿Qué elijo? La penumbra,
lo templado: primavera.

Vine hasta ti con guirnaldas
de flores de almendro y nieve,
astros que irán, al tocarlas
tus dedos, a deshacerse.
Vine sin nada que darte
pues de mí ya nada quieres.
Acepta esta espuma, nata,
crema de crema y claveles,
esta sortija de hielo
que al lucirl'agua se vuelve.
Traje un puñado de arena,
amapolas y sainetes.

¡No las toques ni los leas!
¡Qué pronto se desvanecen!

Traje suave chocolate
de Suiza con avellanas,
pasta de castaña y nueces
de barquillo y macadamia.
Compré en Marruecos café,
moca entre higos y pasas,
fresa y leche hecha elixir
de un lago alpino de Italia.
¿Qué más quieres que te compre?
¿Qué más pides que te traiga?
¿Postales de amor en sobres
de fino papel de Francia?
¿Pastilleros de Limoges,
conchas raras de otras playas?
¿Esta botella de vino
de una cosecha agotada?
¿O un cuaderno de poemas
que se borre con tus lágrimas?

***

Odio cuando estás dormida.
Puedo verte sin parar,
sin límite y sin tregua.
Y si hay línea que me falte
la repito hasta aprenderla.
No me gusta. / Y más me gusta.
Pues no lo sabes.

¡Cuánto me urge
al fin besarte!

Si te beso: se acabó.
Ni te veo ni te contemplo...
buen adiós a mi obsesión.
Pero, ¿a qué sabor sabrá?
Ay, ¿te beso o no te beso?
¡Es de peso mi razón!
Odio cuando estás dormida.
Y odio cuando sé que no.

***

He visto en sueños a un dios
con el que he vivido siempre,
por quien todo hubiera dado
si tan sólo lo pidiese...
Aquél que, sin serme extraño,
recordase si lo viere,
porque nunca pide nada
sino que todo lo da,
¡residiendo en mis entrañas,
entre la seda descalza...!
infundiéndome su paz.

*Su paz serena y triste,
serena y triste.*

He visto en sueños a un dios
que quería conocerme,
cuyos ojos eran baños

de espuma y luz celestes,
y su piel un paño blanco
de canela sobre nieve.
¡¿Dónde has estado durante
tantos años hasta ahora?!
¡Esta noche el viento errante
-nada y todo en todas partes-
me llevará entre las hojas!

Tú que ves en lo escondido.

He visto en sueños a un dios,
el que siempre me despierta,
¡ignorando que no quiero!
despertar si no está cerca.
Siempre echándole de menos
esperando a qu'él me vea.
¿Qué puedo hacer, buen amigo,
con su imagen esmaltada
en oro puro bruñido
muy bien dentro desde niño
incitándome a buscarla?

Sin esperanza en la espera,
¡tan desesperadamente!

A un dios rubio he visto en sueños.
-O, ¿quizá?, fue un ángel negro-
¡Esta noche el viento errante
me llevará entre los sueños!

***

El sabor de las naranjas
se entremezcla con los sueños
(en las mañanas más blancas,
en la corriente del cielo.)
Está abierta la ventana.
Hoy no hay viento de levante,
(y hoy me quedaré en la cama
sin pensar en levantarme),
porque ya lo he hecho todo
y lo que queda… no importa.
¡Qué tranquilos son los logros,
lindo árbol de magnolias!

Y además y, sobre todo,
me entretengo recordando
nuestra noche más hermosa.
Fue sin duda la más dulce,
la más dulce de las cosas…
¡Puso un antes y un después,
a mi vida en su ancha forma!
No recuerdo un solo instante
sin amarte en cada hora
embriagando, sin beber
de los sueños, la memoria.
De los sueños, la memoria…

***

Remoloneo en la cama
cada vez que retozar
quiero contigo y no estás…
Restriego en ella mi pereza.

Pongo esta canción cuando
finjo que aguardas en cueros,
entre espumas, entre sal...
Y sólo hay agua en la bañera.

Me acicalo cada día
porque ideo maravillas
de nuestro encuentro casual...
Pues te espero, sin darme cuenta.

Manjares como en las noches
(*pois*, salmones, quesos, nata)
con mi ausente comensal...
Mi gran convidado de piedra.

Y por dos consumo el vino
rojo en sorbos de nostalgia
si fingir no puedo más...
Encuentro, al fondo, mi anestesia.

De aventuras leo libros
que me rapten de esta casa
(que jamás ha sido hogar).
Y mientras, la hiedra trepa.

Y si alguna vez lo ha sido,
¡épocas, tiempos mejores,
se van tan pronto al desván!
Quemo mis álbumes, las penas:

preparo las tres salitas,
esperando una visita

que, tal vez, no llegará.
Me acicalo cada día...
porque ideo maravillas...
de nuestro encuentro casual.

***

regressio

No sé qué hago aquí y ahora,
y no sé por qué ' venido.
Además, hablo un idioma
qu' es extraño a mis oídos.
Ignoro por qué me nombran
con un nombre que no es mío.
No he perdido la memoria...
¡es que todo es tan distinto!
Recuerdo mis ojos verdes,
que mi lengua es griego antiguo.
Recuerdo otra cost' al este
y aposentos palatinos.
Recuerdo fiestas alegres,
banquetes, charlas y vino.
También antorchas y muerte,
la traición y los papiros.
Recuerdo barcos grandiosos
alejándose del Nilo,
tiempos pasados, remotos,
y el estigma del exilio.
Pero el recuerdo más fuerte
d' entre todos es mi amigo.

Quisiera volver a verle.
¿Por qué 's todo tan distinto?

***

He estado en tu parque,
he estado en tu casa.
Miraba en tus fotos
y, luego, no estabas.
Y como estandarte
de encuentros, de ansïas,
he visto el deseo
bordado en tu cama.
También me senté
allí en tu escritorio.
¡Creí ver tu puño
y estaba tu letra,
papel verjurado,
imagen impresa!

Qué extraño paisaje
me muestra el pasado
teñido de sueños
tan rotos, tan nuevos,
anclado en el fondo
de tu alma de dados.

Oh, hemofilia y llaga
dorada de ascuas
benditas que hiciste
en mí florecer.
Ya sabio escuchar

a sabios contando
historias tan tristes
de sádica piel.
Maldita tú, luna,
maldita sea el agua
varada en Granada
a lomo'un corcel.
De verde aceituna,
maldito tú, viento
y guardias civiles
que disteis con él.

He estado en tu huerto,
sentíme inspirado.
¡Qué lástima el resto
de frutos nonatos!
¡Que Dios me conceda
seguir tu legado,
prosodia graciosa
en que cada día
proeza a proeza
fue verso esplendente.
Y, copla tras copla
tan íntima escrita,
tornaste en poema
tu vida y tu muerte.

***

Debería decirte adiós ya mismo,
no esperar a que pasen ciertas cosas,
a que se haga muy tarde, a lo imprevisto,

a lo cerca y al roce de la ropa
(que es papel de regalo inmerecido,
envolviendo al bombón, a las milhojas,
al juguete que anhela todo niño
y que espera encontrar cuando lo rompa).
Pero, ¡venga! ¡Entreguémonos al vino!
¡Que es más fácil rendirse a esta zozobra!
Si esta noche ante el cielo a lo prohibido
nos damos, sea el vino quien responda.
Que responda esta cítara o Cupido,
la mansión, la piscina, ya la fronda
misteriosa de setos tan tupidos,
ya las rosas que embriagan con su aroma.
¿Nosotros? Ni hablar, no, que fue otra ronda.

***

Que no exista *esa* mujer,
que no existan las mujeres:
las odi'a todas por ser-
te más bellas y atrayentes,
con más derecho que yo
a tus sueños, tu deseo,
lujuria, placer, vesania
de tu Anfítrite dorada,
con preferencia ante mí
a tu guarida de loba
herida por su guadaña,
al poema de tu flor,
de tu adiós y tu venganza,
la desidia de tus tardes,
madurez y tu desgana.

Que no exista *esa* mujer (...).

Ojalá se mueran todas
las hermosas que te hablen,
y al verte a solas sin mozas
al fin te rindas a amarme.
¡Se le coagule la sangre
y se le paren los pulsos!
¿Con más derecho que yo
por haber nacido mujer!
Di, ¿qué te da ella y yo no?
¡Progesterona maldita?
¿Son dos bultos y uno menos
ese cambio que te excita?
¿Un rostro hermoso al amarte,
dos ojos, nariz y boca,
los mismos labios de rosa
que te juran por delante?
Apetentes por igual
de tu *alquimia'nconquistable*,
van mordiendo las paredes
van rasgándose la piel,
van corriendo por el techo
derramando mil claveles
hasta alzarse del revés
en una guerra de hormonas,
una lucha de pronombres
que ya estalla y se descorcha
con trincheras en el pecho,
ya se destapa y te estorba
en manifiestos, borrones,
y tachones de sonetos.

¿Con más derecho que yo
por haber nacido mujer!

***

Por ser perfecta, no puedes amarme
(ni yo te amaría si no lo fueras).
Tendría tu amor, mas sin importarme.
¡Si tan sólo una tacha en ti se diera!

***

soneto de la Alegría

¡Qué inmenso es este júbilo sabroso,
tanto más grato siendo inesperado!
Se inflama el alma, cándida, en reposo,
quemando como yesca entero un prado

sembrado ayer de dudas; y, celoso,
se entrega presto el ánimo agitado
a un banquete, un concierto fantasioso
de una risa que nunca hube probado.

De mi boca se escapan los colores
henchidos y risueños de esperanza:
¡me baila una estrella en cada ojo!

El tedio, una leyenda, y mis temores
se triplican previendo una mudanza:
así valoro un bien que yo no escojo.

***

Tengo el mar en mi cintura,
bajo mis pies, blanca arena.
Rozan mis yemas la espuma,
la sal en mi piel quemada
como una estrella morena.

En mi pecho, una medusa
de marejada sedienta.
Quiere perderse en la bruma
por las olas empapada,
en torbellinos de menta.

En mi boca hay una fruta
de la pasión más sincera,
que con su risa madura
leva de mi alma las anclas
más allá de las palmeras.

Esta isla tropical
de tumbona y cocoteros...
va a la deriva en un mar
de esmeralda y labios secos.
En su orilla de coral
se relajan marineros,
cicatrizan su penar
en la hamaca de este puerto.

En mi oreja, una flor fucsia,
borracha de ron y hogueras.
Me preparo ante las nupcias
del horizonte y la noche
con su dote de mil perlas.

Dame coco de tu luna,
entre rosas de madera...
leva de mi alma las brumas,
hincha las velas de lino...
más allá de las palmeras.

***

décima, espinela y romance breve

En la jaima encuentro un beso en
el té verde que has servido...
Me adultera ya el sentido,
entre tus dátiles, el queso
de un "nosotros" que ha nacido.
¡Dos sicomoros se elevan!,
y este lecho es una alfombra
mágica de las que llevan...
volando risas que prueban
mi sueño en alguna sombra.

Sopla del aire el desierto
helado por la abertura,
y me tapas con ternura
sin notar que yo lo advierto.
A lo lejos, un concierto:
el trinar de las cigarras,
y con éste, suelto amarras
hacia un mundo de espejismos,
ambos siendo aún los mismos,
ambos cuerpos, dos guitarras.

El desierto es la ciudad;
la comida, tu presencia;
y el viento helado, el recuerdo
de amistad, inocencia.
Las cigarras son la gente
-podrán decir lo que quieran-:
la jaima, nuestro universo,
en que fulgen dos estrellas.

***

contra el amor

Cuanto más solo me quedo...
tanto más estoy contigo;
cuanto más estoy cubierto...
tanto más quiero tu abrigo;
cuanto menos te recuerdo...
otro tanto no te olvido,
¿de qué forma, dime, puedo
derrotar a este enemigo?
"Hoy no lloro" me prometo,
y, al momento, me derrito.
"Hoy no té echaré de menos"
y, al minuto, estoy perdido.
¡Líbrame, Dios!, del tormento
al que Amor me ha sometido,
o dos tajazos le asesto
en las alas a Cupido.
¡El mejor de los arqueros?
¿Qué se habrá creído el Niño?
Gordito, rechoncho, obeso,

no tiene sexo ni amigos;
dos cachetes de pomelos,
una peluca de rizos,
labios de rojo cerezo
y ojos de témpano albino.
¡Con razón que esté tan ciego
y ande siempre en desatinos
convirtiendo, en su recreo,
tantas vidas en suplicios!
¡Qué ridículo el efecto
que produces en los críos!
Piensan que todo es cierto,
aceptan el desafío,
creyéndose (¡qué ingenüos!)
que irás 'aliviar su sino.
Eliges al indefenso,
prefieres a los heridos;
tu palabra, tus requiebros,
no me valen un comino.
¡Que se vayan al Averno
tus trucos, tus acertijos,
y purgue su vivo fuego
tu espíritu libertino!
Diga lo que diga el clero,
diga lo que diga Ovidio,
ya proteste el mismo Homero
o la Dido de Virgilio,
ya Julieta, ya Romeo,
Melibea o Calixto:
el Amor es un veneno
que no sacia a sus adictos.

***

He querido escribir este poema
que es poéticamente incorrecto,
y quizá sus lectores no entiendan
el porqué de que sigan leyendo.
No pretendo evocar si no provoco
sentimientos mentales de hierro...
No quisiera tocar si no te rozo
en un sitio que tú y yo sabemos...
No quisiera lamer tus dos cerezas
sin poder restregarme en tu cuerpo,
apretarlo muy fuerte y, con mi lengua,
explorar tus cien mil recovecos.

Ven, confiésame ahora, sin reparos,
con detalles, tus sucios secretos:
cicatrices de amores, tus pasados,
para luego lanzarlos al fuego,
calcinarlos en hornos crematorios
junto a todas tus fobias y miedos:
voy a hacerte trinchar todo demonio
con sus mismos tridentes y cuernos.

Panacea: saliva sacrosanta...
¡infalible pomada y ungüento!
Esta noche te juro a ti el Nirvana,
penetrarte con seda y con tiento,
darle fin a tus quejas infligidas
por la carga de amar con los huesos.
Eres bella, y no dudo que un día
te darás cuenta, al fin, de que es cierto:
¡Eres tú quien elige a tus amantes,
y tú misma quien huye tan lejos!

¡No compares la entrega, ni el romance,
que promete este insigne escudero!
Comprometo esta espada a defenderte,
a mi adarga, a mi mazo, a mi yelmo,
de cualquier desgraciado pretendiente
que pretenda llagarte de nuevo.
¿No te basta mi tórax como prenda
por que sepas que yo no soy d'ellos?
¿También quieres que empeñe mis herencias,
mi blasón, mi corcel y mi sexo?
Pues aquí te lo sirvo, erguido y duro,
tulipán tierno y suave, entre el huerto.
Bajo el tallo, repletos, ambos bulbos
impacientan por darte contento:
cinco mil quintillones de caricias
hasta abrirte las verjas al huerto...
ese huerto que alberga, en fin, delicias
cuando alguien lo riega por dentro.

***

Después de saberte
un charco de huesos;
después de saberte
un saco de sangre,
tendones, cartílagos,
músculos y pelos;
después de saberte
frágil, vulnerable,
un ser tan efímero...
te sigo queriendo.

Cien mil millones de estrellas
alberga nuestra galaxia,
y si un rayo de luz fueras...
cien mil años en cruzarla.
Diez mil millones de años
hace de la Vía Láctea.
¡Diez mil millones como ella
hasta que la vista alcanza,
todas nutriendo en su seno
a un insaciable agujero
-cuyo peso, concentrado,
no se acaba, no se acaba-!

Después de saberte
un charco de huesos;
después de saberte
un odre de sangre,
humores, órganos,
células y sebo;
después de saber
tu adicción al aire
y tu cuerpo sólido...
muy dentro te llevo.

¿La gravedad más intensa?
Las estrellas que colapsan
-hacia dentro, no hacia fuera
como el resto, sus hermanas-.
Y la luz que habían dado,
junto a otras, se la tragan.
¿La vida? Sesenta grados

de más y no habría agua
en este planeta de flores
que pesa seis mil millones
de billones, y no en gramos,
toneladas, toneladas.

Setenta y cinco por ciento
de tu cuerpo: H_2O.
Sin embargo, algo muy dentro
me asegura, en fin, que no.
Aun sabiendo todo esto,
aún sale a flote el amor.
Después de saberte
un charco de sangre:
algo... igual que yo.

***

Arma blanca y objetos contundentes.
No tuvo escapatoria nuestra víctima.
Y tampoco piedad su fiel verdugo.
¡Tanta sangre esparcida en el lugar!
Se ensañó con su cara a puñaladas.
Y con su pecho... en él, no dejó gota.
Parece una flor mustia, así, tendida,
una paloma muerta en la calzada,
una fruta aplastada por su bota.
Objetos contundentes, arma blanca.
El móvil fue la envidia, amarga y dura,
de esa pasión flamenca, rencorosa.
Confiaba en su asesino, pues la puerta

que no ha sido forzada, estaba intacta.
La víctima... no tuvo escapatoria.

***

villancico del rechazo

En combustión espontánea
sentí, al verte portentoso,
que yo, no me siento hermoso.

Me rompe un llagar de celos
al ver cuán hermoso eres,
al ver cómo a todos hieres
hasta mesarse los pelos
con tu voz de violonchelos...
¡Ay, Dios, eres tan odioso
que yo, no me siento hermoso!

Puede vencer a una monja
esa pícara sonrisa,
y hacer que rece su-misa
con un rubor de toronja,
pues eres como una esponja:
nos absorbes, poderoso,
que yo, no me siento hermoso.

Esas facciones tan lindas
son promesa' l ser tan joven.
Cuidado, que no te roben
la belleza que nos brindas.
Sé discreto y no te rindas

si alguien nace más hermoso,
que yo, no me siento hermoso.

Todo lo que sube baja,
todo lo que gira vuelve,
la vida siempre devuelve
todo golpe que se encaja,
y ella misma le es tinaja
con boquete al desdeñoso,
que yo, no me siento hermoso.

¡Qué fácil querer lo bello
aunque no se quiera al alma!
Ser perfecto da una calma
que 'n el rostro deja un sello;
pecarás al fin por ello:
de fealdad por pretencioso,
que yo, no me siento hermoso.

No habrá amigos sino amantes
que quieran lamer tu beso,
y habrás de sentir el peso
de tus ojos excitantes.
Desearás mil veces antes
ser opaco a luminoso,
que yo, no me siento hermoso.

Mientras tanto yo me abstengo
de aceptar tu gran propuesta.
Mi estima no está dispuesta
a sufrir tal abolengo,
y aunque ganas sí que tengo

no soy tan ambicioso,
que yo, no me siento hermoso.

***

Recuerdo el aire del mañana
tan bien como si fuese ayer.
Quedó cada momento, instante
y aún me impele hacia delante
un algo... que no sé qué es.
Pienso en las ciudades que vi
por tus labios y los torreones,
almenas de garras, alcor
en tu ciudadela *insitiable*
de duelo interno,
mártir armado,
flor con espinas
de fiel traidor.
Pude atar tu boca a la mía
con quizá menos cuerdas, sogas,
jugando a hacerme el más duro
por ocultar, quizás, mi amor.
¿Cómo me pides menos de eso?
Di, ¿por qué rechazar un todo
por lo accesorio de su exceso?
Acepté el desafío,
y luego erré en la apuesta.
Eché suave el postigo
fingiendo anclar la puerta.
Estando juntos...
te dio vergüenza.
Negué en rotundo

dejarla abierta.
Duele admitir
que aún lo está,
y es que el aire del mañana
es el mismito del de ayer.

Si el viento sopla tramontana
por estos montes no me extraña
que sople recio hoy también.
Todo verdugo es víctima,
toda sangre es culpable,
dolor siempre infligido
por manos deleitantes.
¡Vendetta universal,
viceversa perversa!
No me parece extraño
tener hoy que sufrir.
Oh, Némesis sidérea,
destino; ¡historia inversa!
Ayer le hice daño.
Y hoy lo hacen a mí.

***

No sé si esta noche prosa
o poesía entretendrá
esta suave soledad
de paloma blanca y roja,
pero al fin he decidido,
al cobijo, en este brillo
de una vela soñadora,
que me acompañe poesía

hasta el romper de mis días
en estas extrañas horas,
(en las que no sé si el llanto
es mi bien o el sucedáneo
que muy lento me devora,
me transforma en mesmerismos
hasta el punto de invertirnos
a mi alma y a mí en sombras
que se tragan mi figura
rodeándome de lunas
que se estampan en la alfombra).

En sedas de mirto y China,
de frisia fragante, encina,
me permea el sopor contra
mi voluntad más expresa,
y me diluyo entre las quejas...
en un amplexo de gloria.

¿Qué hacer sino mantener
un ojo despierto y ver
a aquél o aquello que me honra
con su presencia en mis párpados,
con sus guirnaldas de pámpanos
y ebriedad tan melodiosa?
¿Qué hacer sino prolongar
mi resistencia a dejar
la realidad de mi alcoba?
Doseles querrán algunos
para obsequiarle al Nocturno
borlones de fina pompa.
Querrán otros libros, ceras

y hasta cremas pasteleras:
minaretes de milhojas.
Pero, ¿y yo? Para dormir
sólo quiero verme al fin
arropado en ti, Pomona!

Sí, tú, ¡tócame las venas!
Ponme los vellos de punta
(con tus ojos como Palas,
piqueta, almocafre, azada)
¡sésgalas, excava y hurga!

Así en mí no dejes traza
de esta sangre incompartida,
¡que no quiero contenerla,
que me llaga las arterias
si se siente sólo mía!

¡Si mi sangre fuera sangre:
glóbulos, plaquetas, agua;
no sólo hormonas malditas!
Son abejas que me incitan
a saciarme de melaza...
Me ahoga, me sacia, inunda...
¡No es su culpa, no es su culpa!
Mis caderas les piden a mis manos
algo más que tomarte sin licencia.
¡No es su culpa! Es tan sólo tu inocencia
quien condena, al huir, mis actos vanos.

¿Y son vanos? ¿Por qué, si mil veranos
en amarte empleados dan paciencia,

y en gustando, sin ti, sabrosa ciencia,
voy ganando el saber de los paganos?

Me dirás: "¿Qué saber? ¡Supercherías!"
Y mi orgullo hablará por mis entrañas,
con la voz de un herido, mas de un hombre:

"El saber proseguir la lucha en días
como meses, tan fríos cuan guadañas
en diciembre... teniendo sólo un nombre: xxxxxx"

***

Ya que toda recta es curva
de alguna circunferencia
cuyo radio siempre cumpla
con infinita elocuencia:
con la cabeza se piensa,
con el corazón se siente,
y, aunque produzca sorpresa,
hay quien quiere con el vientre.

Dudo, luego estoy pensando,
y pienso conscientemente;
luego... existo en tiempo, espacio,
que así lo afirma la gente.
Experimento con juicio
una hipótesis cualquiera
y del amor y del vicio
obtengo una ley primera:
con los zapatos se piensa,
con el tafetán se siente

y, aunque produzca sorpresa,
hay quien ama a alguien corriente.
Y, si no me crees, rellena
con témperas el paisaje,
pon tu norte donde quieras
y comienza a arriar anclajes.
Frota del genio la lámpara
y concédele deseos,
descifra por fin la cábala
un esclavo nabateo.
Descubre tú mismo Europa,
nombra a los ciervos pereza,
construye con pan tu flota
de buques hacia otras tierras.
Eres el protagonista
de tu libro cotidiano:
escribe y pasa revista
cada día con tus manos.
Y del odio y el suplicio
obtendrás la ley segunda:
con el hígado se injuria,
con el píloro se miente
y, si bien produce angustia,
hay quien muere para siempre.
Dudo, luego estoy pensando,
y pienso conscientemente;
luego... existo en tiempo, espacio,
o eso dice aquí la gente.

***

dolorem ipsum

Nuestro amor era tan profundo
que casi dolía.
Ningún estereotipo, sino
la pura verdad.
Sabíamos que nada dura,
que los encuentros son
tan fortuitos como efímeros,
que uno u otro antes se iría,
y nos aferrábamos
el uno al otro con miedo,
inocencia, recelo...
porque conocíamos el final.
Viviendo cada instante.
Sabiendo que en el roce hay placer
y riesgo; en cada palabra, ¡un acantilado!
El suspense de cuándo sería
-y quién-, porque nos amábamos tanto...
hacía que más
no pudiéramos amarnos,

Era angustioso y liberador,
saciaba cada momento de tal forma
que el interior nublaba,
la mente empachaba,
mataba'l amor.

***

Y de la misma forma en que los ciervos
anhelan de las fuentes su agua clara,

así te anhela el alma, como un salmo
anhela que haya un dios al que adorar.
No tengo otro alimento en esta noche
cegadora, no tengo más que lágrimas
de incienso redentor; de eso me acuerdo
mientras me hacen preguntas por mis dioses
quienes dicen que están muertos por siempre.
Ten piedad de tu esclavo, en quien ti cree,
puesto que reconozco mi injusticia,
puesto que el hombre vive, no de pan,
sino de las palabras que pronuncias
a su vez por tu boca, que me sana,
por eso elevan preces las naciones,
por eso el mar, los vientos… te obedecen.
Ningún dios se te acerca. Innumerables
tus proezas de vida. Innumerables
tus regalos benditos. Me declaro
con orgullo tu siervo más leal,
que se acerca tu cuerpo al mío y éste
florece como brotan los retoños:
de paz en primavera.

****

Me embarga la poesía, me embriagan melodías:
estoy enamorada, ¿de quién? ¡Ni yo lo sé!
Me es mar la luz del día, ¡abierto a sangre fría!
Y el cierzo me ha calado… no sé muy bien por qué.

¿Por qué voy caminando muy pronto por la tarde
y marcho río abajo pensando en qué me pasa?

El sol blanco de enero relumbra por su cauce…
No obstante le dan miedo mis lágrimas y calla.

Y callan las alondras de suaves pirüetas,
los cardos hacen mutis, los picos siguen firmes
en nieves como crema… ¡La Tierra se está quieta
sin ver que me consume esta pena que me aflige.

¡Oh! ¿Y nadie va 'hacer nada? ¡Violines de entre el trigo!
¡Oboes de entre juncos por hojas que se rozan!
¡Palomas de las cañas, no iréis a darme auxilio?
¿No hay nadie en este mundo que acuda, que me oiga?"

***

Me cansé de engendrar pasión sin fruta,
de albergar ilusiones en hostales
que me cierren sus puertas diminutas
en Patras, en Lisboa, en cualquier parte.
Me cansé de calzar zapatos nuevos
cada vez que se rompan los de antes,
estoy harto de oír *¡cuánto lo siento!*
sin razones que intenten consolarme.
Me cansé. Me cansé de andar buscando
sustitutos que aliñen mis carencias.
Me cansé. Me cansé de andar tachando
candidatos indignos con paciencia.
Anduve por ciudades en Europa
pensando que exploraba en mi yo interno.
Busqué entre los rincones de sus sombras
la tierra en que olvidar mi claro invierno.
Bebí de los manjares, las fronteras…

hablé con los paisanos, ¡fui su yerno!
pero un viaje, un billete en mi cartera…
me alejaba esa vida sin remedio.
Ya no más. Me cansé de ir mendigando
un hogar que me trate como suyo.
Ya no más. Me cansé de ir conservando
souvenires que son testigos mudos.
¿Dónde están mis raíces?
¿Con qué acento he de hablar?
¿El llavero de *casa*?
Me cansé de engendrar pasión sin fruta,
de albergar ilusiones en hostales,
y por eso decido ¡que se pudra
la esperanza, que causa tantos males!

***

"Tengo una manzana roja
que late dentro de mí,
y si vienes y te acercas
huele a rosas y a jazmín.
Muérdela que está jugosa
y más tierna que un cojín.
Es muy suave, dulce y fresca,
con sabor a regaliz".

***

Nuestro árbol usa al viento
como el viento usa al árbol:
por doquier va dispersando
su simiente con contento,

y, del otro, aquél, repleto
de su aroma va preñado;
a su paso va dejando
leve marca de un encuentro

ya que, en medio, en su corteza,
repujamos nuestros signos,
y estarán sin que desprenda

ni una lágrima el testigo.
¡Hasta que el tiempo lo quiera,
y así quiera el eucalipto!
Leve marca de un encuentro.

***

Acabas de irte.
Son las doce y media.
Te he dicho tres veces cómo
coger el autobús... y no te enteras.
Anoche te invité a cenar, a mi piso, en mi guarida,
y ni trajiste una botella.
Aunque no me desataste,
me rompiste la cadena...

Te entregué mi cuerpo
y no supiste tocarlo.
Te di de comer manjares,
ni los probaste siquiera.
Tu perfume huele en mi cuello,
por todos lados, tu perfume: barato;

tu acento extraño resuena,
resuena raro en mi cabeza.

Te presté mi cama, ¡señor!
cosa que nunca hago,
y no supiste soñar;
te di mi boca, te di mi lengua,
y no las hiciste hablar
por lo caro de la duda.
Me impones siempre como excusa
que provienes de un poblacho,
y yo, y aun así, sé usar un cubierto,
la semana antes que el mes,
y si te digo ciertas cosas es
porque quiero me las repitas,
que padeces tantos nervios
como una ardilla, como una ardilla.
Sin embargo, besas bien: vivamos
la vida...
y déjame llorar.

***

¿Hay algo más hermoso que una noche?
¿Que una noche pasada en blanco perla,
en blanco de guirnaldas de jazmines,
jazmines esmaltados en el alma?

¿Hay algo más tranquilo que el derroche?
¿Que el derroche de inciensos al perderla,
perder la misma esencia en los confines,
confines del espacio y de la calma?

Confío mi buen sueño sin reproche
al dios de la amapola sin comerla,
comerla en mis pulmones de violines,
y así gozar la muerte entre mis palmas.

***

¡Oh, vosotros, espejos, que rompéis
mi corazón tan verde, y que a mi cara
toda ínfima arruga devolvéis,

vosotros que la vida cobráis cara
otorgando y robando la belleza
como si de moneda se tratara,

sabed que no me falta la entereza
para admitir que usé cada sentido,
que cada día quise, de una pieza,

y que cada segundo lo he sorbido.
Sabed que yo, tal vez nunca de nada
no le sacara esencia y su sentido.

Si por llorar, reírme, si por cada
carcajada (o fruncido ceño) el niño
que un día fui ha de entregar su piel mimada,

tome el espejo al joven con cariño,
extraiga hermosura del lindo efebo
mientras que yo, a sus sienes, hoy le ciño
laureles de experiencia que le debo.

***

Pasando por un pasillo
del colegio, me encontré
con un nuevo rostro amigo
apoyado en la pared.

Escuchaba mis latidos
en la nuca y en la sien.
Aunque no nos conocíamos
éste habló y yo lo escuché:

-¿Qué tal estás, Alejandro?
-¡Muy bien!, ¿y tú? -contesté.
-¡Bien! Aquí vamos tirando
de las riendas al corcel.
¿Me dejarías tu escrito
para poderlo leer?
Si no es molestia. – Me dijo.
-¡Por supuesto que no es!
-Entonces, ¿cuándo me paso?
-Pues... mañana estará bien.
-Muchas gracias, Alejandro.
¿Nos podremos ver después?

***

¡pausa!

De color rojo cereza
(del color de la violeta)
cuatro pétalos que vuelan
llevan en medio un gusano
que no bebe más que néctar

con estambres como antenas
y seis tallos como brazos.

***

huesos calientes

Una montaña, -atlética de muelle
fibra y amplios contornos- me seduce,
hincha mi pectoral con ese aliento,
el viento del deseo hacia sí misma.
Es mi respiración una convulsa estrella, que se contrae, que se expande,
dejando penetrar su cumbre en mí,
sus faldas calurosas, su calima
tibia de algún gravísimo licor.
Mis anillos, cadenas, se me funden
al restregar mis pieles incendiarias,
al arañarle marcas en la espalda,
quedarme, sin palabras, tan pendiendo
de su mirada, trágica, pacífica.
¡Despegue de motores *intrahumanos*!
Dos hélices que lamen su envoltura
de cera, terciopelo que las cubre.
En lo duro, en lo plácido del ser
que se potencia en cuatro al unirse,
ahí está la clave de encajar
dos cuerpos sudorosos como piezas
de un lego inacabado, un ensamblaje
perfecto de unos quince, o más, minutos.
Lúbrico resbalar, líquida hoguera
de fricción instintiva, de clamor

del alma suspendida en camarotes
de gran lujo interior. Porque el amor
se sigue haciendo aún después de hacer
sin tregua ni descanso el mismo amor.

***

Pudiendo amar el doble,
¿por qué frenar mi corazón?
Si me atrae lo que esconde,
¿por qué evitar la tentación?
Sería abrir el sobre
y no leer en su interior,
vivir sólo la noche
y olvidar que brilla un sol
tras las brumas de Londres,
allende pérfid' Albión.

Pudiendo amar el doble,
¿por qué acallar mi corazón?
Si puede amar a nobles,
¿por qué no a otra condición?
Es fuerte como un roble,
sobrevivió a su propio honor
tras la vida más pobre
en jardines del amor,
junto al cabo de Pelore
atado mástil del dolor.

***

Después de no haber ganado,
¿cuál es la clave? ¿Qué hice
mal la última vez? No debo
superar la situación,
sino *hiperarla*: se acerca
la vejez, no tengo un nombre
con el que escudarme,
que me consuele como
mercromina en las heridas,
como un parche en los remiendos.
Llegan las arrugas sin
venir tú, mi blanca crema,
me invaden las ruinas sin
haber tenido esplendor.

***

machaon

Es de vuelo contenido
y prudente como Dédalo,
¡y así de hipnótica vino
que la tengo aún por sueño!
Va con vestido de fiesta
de satén festoneado,
y dos pendientes ostenta
de rubíes bien labrados.
¡Mira lo libre que vuela
esta reina de vilanos!
Ella solita gobierna,
de los campos, cada palmo.
Es mascarada en Venecia,

¡todo el prado está invitado!
Es catedral, cristalera
del Maestro de Artesanos.

***

Tu ombligo, que es origen de mi vida
y cicatriz tan bienhallada,
me deshace morboso en baja pira
con sus seis flexibles llamas.
¡Elástico el rubor que en mí se prende
cuando imagino tocarla!
Me turba, y hondo, un vino transparente
que, sin sorbos, ya me embriaga;
me figuro los altos promontorios
que tu vientre habrá inspirado,
me fustiga su imagen, que es demonio
empujándome a saciarlo...
y es que pecar contigo no es pecar
bajo el pretexto de amarnos
pues se trata de un fruto que ni Adán
hubiese encontrado amargo...
¡Hasta los girasoles se dirigen
hacia ti cuando despiertas,
nadan los peces por la superficie
para verte algo más cerca!
De las mozas, el más íntimo anhelo,
es que las tomes doncellas.
¡Si hasta el hombre que siente por ti menos
envidia a muerte tu estrella!
¿Qué le vas a pedir al mismo mundo
que de algo bueno no tengas?

¿De qué vas a quejarte, dulce injusto,
que no suponga una ofensa?
Mi vientre con el tuyo son dos heridas
que sanan de vida en recompensa.

***

Sí, mi abuelo sigue vivo,
por supuesto que aún vive,
y el espacio que ha dejado
no está para nadie libre.
Estoy viendo aquel moral
de bayas cargado y firme,
a ese robusto algarrobo
que al tiempo, al viento resiste.
Veo el damasco elevando
cuatro mil hojas al linde
de la valla, ¡rosaleda
de mil níspolas humildes!
Vanessas revoloteando
con sus lenguas de libídine,
¡corolas de color néctar,
su zoleta indestructible!
Sí, mi abuelo sigue vivo,
por supuesto que aún vive,
y el espacio que ha dejado
no está para nadie libre.
Todavía está labrando
él su huerto de alcauciles,
membrillos, chícharos, habas
y de col donde el sol brille.
Sus ciruelas, como huevos

de paloma, y sus felices
jilgueros… ¡citrinos de vida,
chillidos de mar, salitre!
Su cama, silla, escritorio…
no hay carnaza para el buitre:
el espacio que ha dejado
no está para nadie libre.
Aún fuma café azabache,
y engulle un dolor sin límite.
Todavía corta papas…
pa' que la abuela las guise.
¡Todavía me sonríe!
con sólo su diente bueno
que, aunque no muela, le sirve.
Navego entre tantos lirios…
todos bajos, todos fingen
ser más azules que el cielo
¡cuando son todos añiles!
Las bardanas, alocadas,
tienden trampas, son hostiles
a cualquier mariposilla
que se pose, que las libe,
y aún la dama de noche
escancia fragancias tristes
(sin pensar que los suspiros
celan de ellas.. ¡infantiles!).
¿No habrá nadie responsable
que de todos ellos cuide?
¿No habrá nadie que me lleve
a husmear chatarras grises,
a pasear por jaramagos,
transparentes, y me guíe

al construir mi jardincito
con cemento y adoquines?
¡Está claro! ¡Por supuesto!
Y es tan fuerte como un tigre:
despelleja los conejos
con su corazón de mimbre.
Todo esto en mi mente queda
verdadero, inamovible,
que a mi corazón de cera
le hacen huellas si lo oprimen:
aunque crezcan malas yerbas
sin nadie ya que las quite,
mi abuelo aún las arranca
porque está vivo, aún vive.

***

Confïada lujuria de jardines
secretos,
ingenüa libídine entre violas
floridas.
Los jilgueros descansan
de hilvanar melodías…
la fuente, sin garganta,
murmura en su agua tibia…
Una nube ha pasado
(tapando un lapso al sol)
y aprovecha la brisa,
se levanta la falda y
revuela en derredor.

Qué cándido deseo de entre pérgolas
rosadas,
cuán crédulas caricias de parterre
oculto.
Entre plumas y cintas
las pomas se sonrojan
henchidas de pudor:
"La brisa, qué atrevida:
el vino en su sonrisa,
y la albahaca en su color."
Los jilgueros descansan
de hilvanar melodías,
y el reloj da las dos;
(las dos del mediodía,
hora de gollerías,
cestas, mantel y ron).

Confiada lujuria de jardines
secretos,
ingenüa libídine entre violas
floridas.
Saca los quesos, linda,
y un sable que los hienda.
¡Esto es vivir la vida!
Bajo un árbol, *querida,*
el sol y esta merienda;
merienda de contrastes:
besos salados, dulce
pastel de chocolate;
té verde, taza ilustre
con fina miel de abejas
y versos de otros vates.

Qué cándido deseo de entre pérgolas
rosadas,
cuán crédulas caricias de parterre
oculto:
aquí yaces tendida en tu rubor de
granadas,
e ignoras ser la víctima: pañuelo en que
me enjugo.

***

El viento me sodomizaba
con caricias de agosto;
me tomaba entre sus piernas,
duras y morenas;
y mientras, susurraba
(con temblor de chicharras):
"Yo te puedo, que soy el más fuerte.
Mira desde el otero las lomas
negras plagadas de pueblos
en la noche y son galaxias
sus centellas, son sus casas
las estrellas de colores irradiantes,
la luna, los perros que le ladran,
los coches que pasan, cometas
son con su estela de luz.
Nubes, niebla; nebulosas
de enjundia cargadas
de piedra en su cruz
bendita en la espesura.
¡Grillos, que andáis perezosos
en horas de noche marcando

un compás!
¡Niños, qué triste y hermoso
sería el invierno poder
ignorar!
Te puede la lluvia,
te vencen las fuentes
de sal y su furia
en vigor estival.
Te rinden los campos
de salvia infinita,
doblega tus brazos
su risa carnal.
¿Escuchas las heridas
que le hizo el día
a la hierba agostada?
¿Resientes los aullidos,
sus marcas azules
botando en la nada?
Son almas perdidas
que vagan las plazas,
rondan los muros, las puertas, las tapias
buscando el sentido de ser lo que son.
Se mueve el instinto con rabia y sigilo
sabiendo que nada se da sin razón.
Atreverse. Atreverse. ¡Atreverse!
Porque todo huele a ramillete
de flores mustias en la mata,
toda aventura es billete
que no se expidió.

***

Dos amigos en un banco
se amalgaman tras la misa
de una fuente cantarina
como un gallo ruiseñor.
Ella, como una palmera
mansa de marfil y fiera.
Él, como un fulgor de otoño
de carmín y excelsa flor.
Se miran desconsolados,
como dos pichones flacos
de alas grises irisadas
un verano quemador.
Huelen a jazmín templado,
de pavo irreal sus ojos;
de cachorros, cuatro manos
que palpitan con pudor.
Se agita el licor de ella
en un virginal tumulto,
y en su frente se marchita
un beso verde de sol.
Las hojas caen en su falda
imitando arras doradas
recordándole que siga
con lo que un día comenzó,
que no somos pasajeros
de ese tren que nunca pasa,
de las vías del destino
ni de aquél que al fin llegó.
Y es que somos maquinistas,
alfareros, carpinteros,
quienes crean sus destinos,
y sus ánforas, sus mesas

eligiendo la estación.
Porque todo acaba pronto,
las paradas, nuestros sueños,
que una vez ya conseguidos
nos empuja a otro vagón.
Y así le estampó un besazo
en su fruto rojo al niño,
y arriesgando algo valioso
lo perdió por darle amor.
Dos amigos en un banco,
de pavo irreal los ojos:
un beso verde de sol.